2021年河南省高等学校哲学社会科学基础研究重大项目
“河南省全域旅游形象感知研究”资助

河南省全域旅游形象感知研究

RESEARCH ON TOURISM IMAGE PERCEPTION IN HENAN PROVINCE

赵楠　孙艳红　王轻楠◎著

中国经济出版社
CHINA ECONOMIC PUBLISHING HOUSE
·北京·

图书在版编目（CIP）数据

河南省全域旅游形象感知研究/赵楠，孙艳红，王轻楠著. --北京：中国经济出版社，2021.10

ISBN 978-7-5136-6694-7

Ⅰ.①河… Ⅱ.①赵… ②孙… ③王… Ⅲ.①地方旅游业-形象-研究-河南 Ⅳ.①F592.761

中国版本图书馆 CIP 数据核字（2021）第 207988 号

组稿编辑　牛慧珍
责任编辑　贾轶杰
责任印制　马小宾
封面设计　任燕飞

出版发行　中国经济出版社
印 刷 者　北京九州迅驰传媒文化有限公司
经 销 者　各地新华书店
开　　本　710mm×1000mm　1/16
印　　张　14
字　　数　180 千字
版　　次　2021 年 10 月第 1 版
印　　次　2021 年 10 月第 1 次
定　　价　88.00 元
广告经营许可证　京西工商广字第 8179 号

中国经济出版社 **网址** www.economyph.com **社址** 北京市东城区安定门外大街 58 号 **邮编** 100011
本版图书如存在印装质量问题，请与本社销售中心联系调换（联系电话：010-57512564）

前言 Preface

自进入21世纪以来，随着国民经济的快速增长，人民生活水平的逐渐提高，国内景区景点的开发以及基础旅游设施的建设加快，人们对旅游的需求越来越大，对旅游业的要求也越来越高，国内游市场越来越火爆，旅游业总收入一路攀升，连年登上万亿级台阶。旅游业的快速发展使得大量资本、技术迅速进入旅游市场，原有的市场规模已经不能适应当下的环境，旅游市场急需扩大规模。此外，由于国内景点大多依附于自然旅游资源，景点、景区不集中，不能形成完美的旅游线路，而景区在规划建设时只考虑到了旅游者的观光需求，没有规划出能够满足旅游者休闲或其他需求的旅游多功能区或者旅游综合体，功能性不强。随着旅游需求的逐渐增加，原有的旅游基础设施已经越来越难以满足旅游者的需求，出现了旅游风景区“人山人海”、停车场“一位难求”、景区购物“多倍定价”，旅游产品质量不高、同质化严重等问题。

于是，2009年，国务院提出了《关于加快发展旅游业的意见》，制定了旅游业的发展目标：就是要“把旅游业培育成为国民经济的战略性支柱产业和人民群众更加满意的现代服务业”。自此，我国旅游业升级转型之路拉开帷幕。党的十八大以来，更加确定了市场在资源配置中的决定性作用，并明确了服务业，尤其是旅游业在国民经济发展中的重要作用，中国正在逐步迈入以服务业为主的“后工业化”时期。2015年，旅游业正式成为国家战略体系的一部分，成为国家经济战略性支柱产业。

为确保旅游业转型升级成功，旅游资源较为丰富的地区，如辽宁大连、浙江桐庐等地开始了对“全域旅游”理念的实践。随后，越来越多的地市开启了“全域旅游”这一旅游业的转型升级之路。2016年，原国家旅游局先后确定两批共500个国家全域旅游示范区创建名录。2018年，国务院办公厅出台了《关于促进全域旅游发展的指导意见》，指导国家全域旅游示范区创建单位进行全域旅游建设，并下发文件，对创建完毕的国家全域旅游示范区进行验收评定。自此，全国掀起了全域旅游建设的热潮。另外，自2015年以来，学术界越来越多的学者开始对全域旅游进行研究，研究成果和相关文献数量迅速增加，全域旅游成为旅游界研究的热点问题。

自国家落实带薪休假制度，完善旅游交通、食宿等基础设施建设后，越来越多的老百姓加入到旅游活动中来，中国的旅游业从原来的外事游、探亲游、跟团游发展到大众旅游。以前，中国的旅游业不甚发达，各旅游景区开发程度较低，对旅游者的吸引力不强。现在，各景区景点充分挖掘当地旅游资源，规划旅游活动，创新旅游产品，增加其对旅游者的吸引力，旅游市场竞争日趋激烈，每一处景区都想要打造自身独一无二的形象和品牌。旅游者选择目的地主要就是将自己从各个渠道获取的旅游景区信息进行加工汇总，从中提炼出自己“想象”的所谓旅游景区的“形象”。该“形象”或者自然景观丰富，或者旅游设施完善，或者服务态度友好……大部分旅游者都是通过这些“形象”对目的地景区有一个大致的了解。于是，旅游市场就从之前资源驱动时代向“形象”驱动时代迈进。那么，在这一情况下，如何提升自己的旅游“形象”就成为每一个景区或者地市首先要解决的问题。

河南作为国家经济和文化大省，人口众多，社会事业完善，动植物及各类矿产资源丰富，历史文化源远流长。本书在查阅大量相关文献的基础上，基于全域旅游的背景，以26个国家全域旅游示范区创建单位为研究对象，构建全域旅游形象感知理论基础。根据扎根理论三级编码法，构建河南省全域旅游形象感知指标体系，该体系由旅游资源、旅游体验、旅游公共服务设施和旅游管理4项主分析类目和21项次级分析类目构成。借助八爪鱼采集器、NVivo、Rost Content Mining 6、Netdraw、Python等研究工具，通过IPA分析法，深入探讨旅游者对河南省全域旅游的整体形象感知，找出形象中的缺失部分。分析得出如下结论：旅游者对旅游资源感知程度最深，尤以历史文化类旅游资源为甚，自然旅游资源次之。对郑州市、洛阳市各县区、焦作市全域旅游建设感知最为明显，河南省全域旅游发展不均衡以及河南省全域旅游建设在公共交通、消费价格、景区公共服务设施和旅游综合管理等方面存在问题。本书最终从建立智能旅游交通系统、规范价格管理、完善智慧景区基础设施建设以及整合全域旅游资源四个方面提出相应的对策建议，以期更好地建设河南省全域旅游体系，促进河南省旅游业快速发展。

相较于其他相关研究，本书有以下创新价值：一是在研究视角上有一定程度的创新。本书在对相关文献进行梳理总结的基础上，发现学者们对全域旅游的研究多是基于宏观政策或统计指标，鲜有学者从旅游主体的层面研究全域旅游建设情况。本书从旅游者的主体角度，探讨旅游者对河南省全域旅游建设的形象感知，创新研究视角，丰富了全域旅游研究的理论体系。二是在研究方法和研究软件上进行了一定程度的创新。为了达到研究目的，本书借助多种研究软件，采用结构化和非结构化相结合的研究方法进行研究。

近年来，本团队一直致力于全域旅游、智慧旅游等的发展研究，陆续出版了《智慧旅游建设体系及发展路径研究》《洛阳市智慧旅游发展研究》《龙门石窟智慧景区建设研究》《河南省旅游业发展效率与时空演化研究》，两次获得河南省社会科学优秀成果二等奖。这些研究成果的问世，在学界、社会引起了一定的反响，得到了相关部门和机构的肯定。《河南省全域旅游形象感知研究》一书的出版可以延续我们对智慧旅游发展的研究。《河南省全域旅游形象感知研究》是由孙艳红教授制定写作大纲，河南科技大学管理学院赵楠博士（10万字）和郑州商学院工商管理学院教师王轻楠（8万字）共同执笔完成的。全书最后由孙艳红教授统稿和定稿。

孙艳红

2021年4月

目录
Contents

1 绪 论

1.1 研究背景

1.1.1 旅游产业升级改革，全域旅游正当其时

自新中国成立以来，我国的产业结构进行了巨大的调整，国民经济也随之发生巨大变化。20 世纪 80 年代，我国旅游业开始进入萌芽阶段，国家对旅游业也逐渐重视起来，相关部门开始制定发展计划和旅游法规。1981 年，国务院主持制定了旅游业的第一个发展规划，并列入国家第七个国民经济发展计划。1985 年，原国家旅游局所提交的《关于当前旅游体制改革几个问题的报告》被国务院批示。自此，我国旅游业逐渐扩大市场，不再只注重国际旅游市场，而更重视国内旅游市场，促进国内市场的旅游消费。随后，国务院又分别出台了《中华人民共和国公民出境入境管理法》《中华人民共和国外国人入境出境管理办法》《中华人民共和国旅游法》等法规，在制度上为促进旅游业的大发展奠定了基础。

随着改革开放程度的不断深入，旅游业发展加快。为促进我国旅游市场进一步扩大，鼓励更多的人参与到旅游活动中来，1995 年，国家

开始增加人们的放假时长，实施双休日制度。1999 年，我国又开始实施黄金周休假制度，这一举措大大刺激了国内旅游市场。中国的“大众旅游”逐步开始萌芽。人们利用假期，陪伴家人、朋友，根据自己的需求，到旅游资源丰富的地方观光赏景。

随着国民经济水平的快速增长和人们生活水平的提高，旅游逐渐从社会大众眼中的“奢侈品”转变为“必需品”，旅游业也成为国家发展的支柱型产业之一。2007 年，全国旅游业总收入首次突破 1 万亿元，此后，旅游业总收入连年增长，保持在万亿元以上，旅游市场日益火爆。与旅游市场一起增长的还有旅游者对旅游质量的要求。在旅游发展初期，旅游者对旅游目的地的要求较低，只要有较为丰富的旅游资源，能够观赏自然风光，体会到不同于居住地的日常生活就可以了，一般也将其称为“景点旅游”。随着大众旅游时代的到来，旅游人数不断增多，旅游者对旅游目的地的硬件设施及服务品质要求不断提升。旅游目的地需要不断完善旅游硬件设施，丰富旅游活动，整合、调整与旅游相关的每一个环节，如食宿、交通、观赏、游玩等，多功能地开发旅游目的地的资源，同时，也要加强对旅游目的地空间的拓展，以满足旅游者的需求。

随着旅游业的快速发展，“景点旅游”越来越不能满足旅游者的需求，很多旅游景区出现旺季供应不足、旅游地交通拥挤、景区重开发不重保护等问题的频率越来越高，国内各大景区的基础设施、公共服务、旅游环境也显得相对滞后，中国旅游业急需从当前的“小旅游”时代进入“大旅游”时代，旅游业升级转型迫在眉睫。因此，2009 年，国务院提出了《关于加快发展旅游业的意见》，标志着我国旅游业正式进入转型升级阶段。全国各大地区，尤其是旅游资源较为丰富的地区逐渐开始了对旅游业转型升级的探索之路。

其实，早在国家下发文件之前，就有地区在旅游规划时提出了新颖的旅游理念。2007年，成都市在进行城市规划时，提出了“全域成都”的理念，计划将1.24万平方千米的城市统一建设成为能够实现经济、政治、社会、文化“四位一体”的共同体，各部分协同发展，打造良好和谐的城乡关系，并将旅游业作为龙头产业优先发展，整合城市其他产业资源，实现成都城乡之间交通畅通、社会公共服务全覆盖，共同推动成都的现代化建设。

2008年“5·12”汶川特大地震后，国家迅速开展灾后重建工作。原国家旅游局、四川省人民政府启动《四川汶川地震灾后旅游业恢复重建规划》，提出了“全域景区”的概念，确立以旅游业为先导产业，充分利用汶川市当前的旅游资源，在灾区重新优化配置生产要素，让旅游业与其他产业融合互助，共同引领区域经济社会发展。“全域旅游”理念在此得到初步实践。2009—2010年，四川省巴中市以及辽宁省大连市分别明确提出了“全域旅游”的发展理念，将旅游业作为国民经济和社会发展的先导产业进行全域旅游化发展。2011—2014年，湖北十堰、浙江桐庐、山东烟台、陕西商南以及其他不少省市开始试点探索全域旅游发展的实施路径，将发展理念进一步具体化为行动策略和产业实践。

随后，国家首次从政治层面上提出了“全域旅游”的概念。2015年8月，原国家旅游局局长在全国旅游工作研讨会上，首次明确提出全面推动全域旅游发展的战略部署。同年9月，原国家旅游局启动国家全域旅游示范区创建计划，下发《关于开展“国家全域旅游示范区”创建工作的通知》。2016年1月，在海口召开的全国旅游工作会议上，原国家旅游局局长提出：中国的旅游发展要从“景点旅游”向“全域旅游”转变，并发表了关于全域旅游的重要讲话和文章，中国全域旅游发展正式拉开序幕。同年2月、11月，原国家旅游局先后公布2批共500个国家全域旅游示范区创建名录，首批262个，第二批238个，其中河南省26个，郑州市、济源市、焦作市以市级单位整体进入创建名录，其余则以县级单位位列其中，比如洛阳市嵩县、栾川县，平顶山市鲁山县等。2016 年 6 月，习近平总书记在宁夏视察时指出“抓全域旅游的路子是对的，要抓下去”；之后，“全域旅游国家发展指数”发布，“中国全域旅游发展高峰论坛”隆重举行，一系列政策推动中国旅游业由“景点旅游”向“全域旅游”的发展路径和方式转变。

2017 年 3 月，在第十二届全国人民代表大会第五次会议上，“全域旅游”首次被写入政府工作报告，成为政府工作的新任务之一。由此，“全域旅游”一词真正走入了大众视野，并引起了热烈讨论。为促进全域旅游示范区创建工作顺利开展，同年 6 月，原国家旅游局发布《全域旅游示范区创建工作导则》，指导国家全域旅游示范区创建单位开展全域旅游创建工作。2017 年 8 月，原国家旅游局批准了包括海南省在内的 7 个省域作为全域旅游示范区创建单位。2018 年 1 月，原国家旅游局办公室印发了《关于将 2018 年定为“美丽中国—2018 全域旅游年”的通知》，并将宣传口号定为“新时代，新旅游，新获得”和“全域旅游，全新追求”，以加强美丽中国建设，并为推进旅游业转型升级和优化做出努力。同年 3 月，国务院办公厅印发《关于促进全域旅游发展的指导意见》，提出要全面优化旅游产业，改善旅游环境，提质增效，以全域旅游促进旅游业转型升级，将旅游业发展成为高效、优质的现代化旅游产业。全域旅游正式上升为国家战略。2019 年 3 月，国家文化和旅游部办公厅下发《国家全域旅游示范区验收标准（试行）》并进行验收。同年 9 月，文化和旅游部公示了首批 71 家国家全域旅游示范区名单，其中河南省 3 家，分别是河南省济源市、信阳市新县以及焦作市修武县。国家全域旅游示范区建设如火如荼开展。

全域旅游概念的提出是国家相关部门综合考虑我国国情与经济发展等情况之后做出的正确战略选择，也是当前我国旅游业最适合走的道路，更是顺应当今旅游时代下全民旅游、个人旅游以及自驾游等旅游趋势的必然选择。“全域旅游的提出符合我国社会经济发展的背景，能够解决我国旅游发展的现实问题”①。全域旅游能够打破传统旅游业中对旅游景点和旅游景区的限制，通过对景区的全面规划和建设，使旅游者真正融入当地居民的生活环境中，深入感受当地的文化氛围和生活方式，产生强烈的归属感和更加真实的体验感，提高对旅游目的地的满意度，而不是仅仅停留在旅游观光的层面，从一个景区到另一个景区，没有景点的联通和互动，不能满足旅游者的旅游需求。

1.1.2 旅游需求日益增加，形象驱动指明方向

近年来，随着国民经济水平的快速增长以及供给侧结构性改革的深入推进，旅游业已经从经济建设的边缘性产业转变成撑起国家经济的支柱产业之一，在维持经济稳定增长、改善产业结构、提供民生保障等方面的综合优势日益凸显，已成为促进经济增长、扩大消费供给的不竭动力和源泉。在 2017 年 10 月 18 日召开的中国共产党第十九次全国代表大会上，习近平总书记指出：中国社会的主要矛盾已经转化为人民日益增长的美好生活需要和不平衡不充分的发展之间的矛盾。2019 年，我国国内生产总值又跨上了一个新的台阶，达到 99.09 万亿元，同比增长 6.1%。与此同时，我国人均 GDP 首次突破一万美元大关，达到了 10276 美元，约为世界人均 GDP90%。

2020 年是我国全面建成小康社会和全面打赢脱贫攻坚战的决胜之年。国民经济迅速增长，使得我国人民的小康生活更加富裕，城乡居民休闲需求和消费能力显著增强，同时，人们手中可自由支配的资金越多，也意味着人们在食物等基本生活需要上的支出比例越少。马斯洛将人们潜藏的不同层次的需求按照从低到高的次序进行划分，分别是：生

---

① 张辉，岳燕祥．全域旅游的理性思考［J］．旅游学刊，2016，31（9）：15-17.

理需求、安全需求、社交需求、尊重需求以及自我实现（见图 1-1）。他表示，人们对这五种需求的渴求程度在不同的时期是不一样的，一般来说，人们在满足较低层次的需求后，会逐渐向高一层次发展。就目前来讲，我国人民对生理以及安全的需求已经得到满足，正在向更高级别的社交、尊重和自我实现的需求迈进。人们对生活质量的要求会越来越高，更加追求精神方面的享受。人们手中可自由支配的时间、金钱逐渐增多，精神世界逐渐丰富，就会不仅仅只满足于现在的生活状态。他们更倾向于探讨未知的事物，世界那么大，总想去看看。

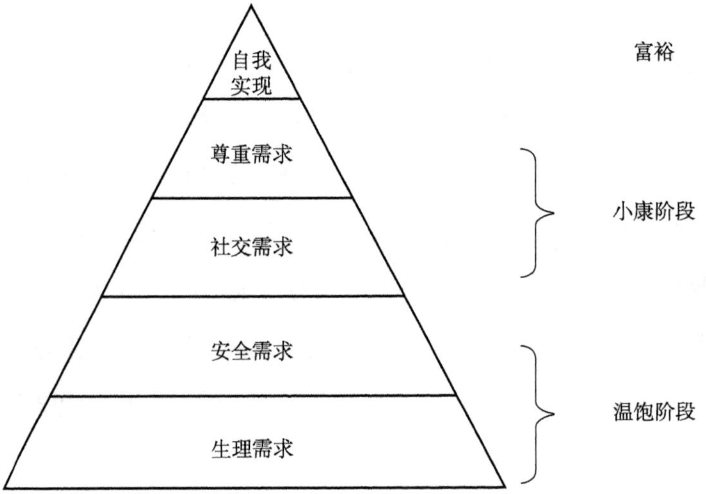

图 1-1　马斯洛需求层次理论

于是，人们对于旅游的需求逐渐上升，旅游也逐渐从人们眼中的“奢侈品”变成了“生活必需品”。人们日益增加的旅游需求使得旅游市场逐渐火爆，又由于旅游市场的准入门槛较低，越来越多的旅游服务供应商迅速进入市场，造成旅游市场供过于求的局面，旅游市场从之前的卖方市场转化成为买方市场，即旅游市场的主导者从旅游服务供应商变成了旅游者。同样的，旅游者对旅游质量的要求也越来越高，再不是之前的“上车睡觉、下车拍照”，他们希望自己所选择的旅游目的地能够满足自己更加多样化的需求，即除了旅游活动中的基本的六要素——食、住、行、游、购、娱，还应该能够满足旅游者的其他需求，如商务、休闲、养生等。除此之外，整体的旅游基础设施的功能应该越来越完善，服务也应该逐渐完备和流畅，能够满足旅游者的一切需求。

随着旅游主体的转变，越来越多的研究者发现，我国旅游市场已经由资源导向、市场导向逐渐进入形象驱动阶段，目的地形象是吸引旅游者关键的因素之一。以前我国的旅游业过度依赖当地的旅游资源，没有合理的规划开发，对旅游的宣传营销工作做得也比较少。后来，随着旅游活动的开展和普及，各地都开始对自身的旅游资源进行开发和规划，并从旅游者的角度出发，开发出旅游者需要的产品。随着旅游服务供应商的逐渐增多，旅游服务和产品同质化严重，良好的旅游形象就成为吸引旅游者的重要因素。旅游者一般会通过对搜集来的旅游目的地信息进行整合，梳理出大致的旅游目的地形象，并以此作为自己的选择依据。就目前而言，各大旅游目的地以及旅游服务供应商如何打造自己的品牌形象以吸引旅游者成为亟待解决的难题。

1.1.3 互联网技术日益发展，助推旅游形象研究

新时代催生新技术，新技术带来新发展。进入21世纪以来，发生巨大变化的不仅仅是我国飞速发展的国民经济水平，还有日新月异的科学技术。其中，给人们的生活带来的影响最为深远的还是互联网技术的发展，因此，21世纪也被称作互联网时代。互联网的发展改变了传统的旅游形式。在大众旅游时代，旅游者不再完全依赖旅行社开展旅游活动，他们可以自由地安排行程，掌握旅行的节奏，规划旅游路线，制定旅游攻略，自主游和自驾游成为旅游者更偏爱的选择。旅游景区也不再将旅行社作为游客来源的唯一途径，他们将景区信息通过互联网发布到

各种在线旅游平台、门户网站或者公众号上，通过多种营销形式扩大自己的曝光度，打造自己的旅游形象，提升知名度。

同时，各类移动智能终端的普及也为旅游者提供了发布、获取甚至是互动问询相关消息的平台。他们在出发前，通过互联网获取相关信息，确定该旅游目的地是否能够真正满足自己的需求，通过线上社区互动，核实该旅游目的地真实形象是否与宣传的形象相符。旅游者们可以直接通过互联网制订旅游计划，预订旅游产品，享受线上独有的优惠。在旅游期间，他们还可以随时利用互联网和移动智能终端获取动态信息，以便出现天气变化或者其他意外情况时能够及时更改旅行计划。在旅游结束后，旅游者可以对自己在线上订购的旅游产品进行实时评价和反馈，还可以通过新媒体分享旅行经验，撰写旅游体会，与潜在旅游者实时交流，为他们提供翔实可信的旅游地信息，塑造更加可靠、真实的旅游目的地形象。如果对旅游者发布的这些实时信息进行集合、梳理和汇总，就会形成海量的、非结构化、碎片式的游客原创内容（UGC），最终成为旅游业“大数据”中的一部分。这些游客的原创内容能够更加真实、全面地反映出旅游目的地的真实情况，即塑造出最真实的旅游目的地形象，成为旅游研究中重要的数据来源。

1.2 研究意义

全域旅游是在我国经济供给侧改革背景下，基于现实国情的旅游业转型升级的必然选择，全面、深入、高质量发展旅游业更是振兴我国国民经济的实际要求。全域旅游建设要求消除我国各大景区、景点之间的壁垒和限制，打造全时空、全行业的高质量旅游产业。同时，全域旅游还要求各个区域实现旅游要素基础设施的完备，提升服务质量，塑造全面的旅游形象，以求在这个竞争日益激烈的旅游市场中立足，更快、更好地促进当地国民经济的发展。由于全域旅游概念在学术界提出的时间较晚，学者们在对其进行研究时，很少将其与旅游形象相结合，且在研究方法上也没有很大的创新。因此，本书选取全域旅游背景下旅游者对河南省的旅游形象感知进行研究，具有一定的理论和现实意义。

1.2.1 理论意义

首先，本书拓宽了全域旅游的研究视角，并紧抓当前研究热点问题，丰富了研究对象。“全域旅游”是2015年提出的全新的旅游概念，目前学术界对全域旅游的研究多集中于概念本身，甚少将其与其他视角结合起来进行综合研究。本书选择将全域旅游与形象感知相结合，探讨在全域旅游建设的背景下旅游者心中的旅游形象，完善全域旅游研究。

其次，在研究数据的选择上，本书有一定程度上的突破。有研究证明，随着互联网的发展，相较于以往学者们在进行旅游形象感知研究时大多使用的问卷、访谈以及制作的量表，网络文本数据成为一个重要的、新的研究素材。① 采用传统问卷方式有一定的局限性，如传统问卷的答案选项一般都是研究人员提前设计好的，限制了被调查人员的思考，而网络文本数据具有暂时性、广泛性和可靠性的特点。② 因此，本书采用网络文本数据对河南省全域旅游形象感知进行研究，更具可靠性，拓宽了该类研究的思路。

最后，本书将结构化方法与非结构化方法相结合，丰富全域旅游形象感知研究的研究方法。目前，学术界在对全域旅游进行研究时，一般采用定性研究来完善全域旅游的相关理论，或者是采用因子分析法、结构方程模型等定量分析的手段对全域旅游示范区内的各要素进行评价。

① 邓宁，钟栎娜，李宏．基于UGC图片元数据的目的地形象感知——以北京为例［J］．旅游学刊，2018，33（1）：53-62.

② 唐笛扬，张建国，崔会平，等．牛头山国家森林公园旅游形象感知要素结构特征［J］．林业经济问题，2018（5）：72-77，109.

在进行旅游形象感知研究时，也通常采用量表或者问卷调查的结构化方法进行研究。本书在研究方法的选择上进行了创新，选择网络文本分析的质性研究方法，利用文本挖掘软件等数据分析工具，运用扎根理论，自下而上地从网络游记中提取旅游者对旅游目的地的整体印象，其中包括对旅游目的地外部环境的印象以及旅游者在旅游过程中对旅游目的地的情感变化，以此深入分析旅游目的地的旅游形象，找出其在全域旅游建设中的不足。再利用结构化方法——IPA 模型找出旅游者所认为的应该优先改进的缺点或者继续保留的特点，完善景区全域旅游建设。

1.2.2 现实意义

自 2015 年 8 月在全国旅游工作研讨会上，原国家旅游局局长宣布我国要进行全域旅游建设来完成旅游业的转型升级后，“全域旅游”这一热词随后又频频出现在习近平总书记的谈话以及政府工作报告中。这足以说明，全域旅游被国家重视的程度之深，也说明全域旅游建设是今后旅游工作中的重点内容，也是之后旅游研究中的热点问题。因此，本书选择将全域旅游作为研究的切入点，紧扣时代主题，紧抓学术热点，具有极其强烈的现实意义。

当前，旅游竞争日益激烈，旅游市场已由资源驱动时代进入形象驱动时代，旅游者在旅游活动中占据主动地位，他们进行选择的依据就是从各种渠道信息中整合的旅游地初始形象。因此，如何发挥自身特色，打造旅游品牌，扩大旅游地知名度，提升旅游形象，满足旅游者需求，成为各区域旅游建设的重点。

本书从旅游形象感知的角度进行研究，通过对网络游记数据的梳理，从旅游者的角度探讨河南省全域旅游形象塑造情况，并对其形象进行清晰的描绘，让相关部门更加重视旅游形象的打造；从情感角度感知到旅游者在旅游活动中的心理变化，准确得出该旅游目的地在全域旅游建设中的不足，并列举出改进措施，为建设真正能够满足旅游者需求的、功能齐全的全域旅游区，塑造更加完备的旅游目的地形象出谋划策，以期提升旅游者的旅游体验，促进当地的旅游业发展。

除此之外，关注旅游者网络文本，能够突破传统的旅游营销手段，使得旅游管理部门逐渐认识到在线平台上的旅游者反馈在某种程度上也是一种宣传策略，且相较于传统意义上的营销，这种消费者与消费者“面对面”的交流方式更加能够取得潜在旅游者的信任，也更能够吸引旅游者的目光，实现口碑传播。

1.3 研究综述

本书通过对大量文献的梳理总结，发现全域旅游是中国政府基于中国特殊国情和现实需要提出的旅游业转型升级的关键路径，这个概念可以说是独属于中国的、符合中国特色的、具有创新性的。在进行国外文献梳理时，并没有出现全域旅游的相关词汇。但是，由于国外旅游业发展时间较早，国外在进行旅游业的产业实践时，将全域旅游的具体含义都践行在了旅游业的一般规划和建设中。

学者们对形象感知的研究最早开始于 20 世纪 50 年代。博尔丁（Boulding）在 1956 年提出，消费者进行消费的依据主要是其感知到的形象，而不是物品的客观实在。① 这一理论被提出后，“形象”这个概念被众多学科的学者所关注，旅游界也是如此。1973 年，梅奥（Mayo）提出了“目的地形象”的概念，于是，旅游目的地形象这一问题就成为国外学者的研究重点。② 国内开始进行旅游形象感知研究的时间要晚于国外，大致开始于 20 世纪 90 年代中期，主要是由于当时企业识别系

---

① Boulding K. The Image [M]. Ann Arbor. University of Michigan Press, 1956.

② 解为．旅游感知形象研究综述 [J]. 河北旅游职业学院学报, 2014, 19 (3): 5-10.

统（CIS）在企业管理中广泛应用，于是，相关学者尝试将 CIS 同样应用到对旅游产业的研究中。随着时间的推移，学者们对形象感知的研究越发深入，并将其与行为学、心理学等其他学科相联系，逐渐拓宽了形象感知的研究视角。①

1.3.1 国内研究综述

1.3.1.1 全域旅游研究

为应对大众旅游时代日趋膨胀、凸显个性化的旅游需求，促使旅游产业转型升级，2015 年 8 月，原国家旅游局局长在全国旅游工作研讨会上，首次明确提出全面推动全域旅游发展的战略部署。随后，国家下发《关于开展“国家全域旅游示范区”创建工作的通知》。2016 年 1 月，原国家旅游局局长在海口召开的全国旅游工作会议上又发表了关于全域旅游的重要讲话和文章，中国全域旅游发展正式拉开序幕。同年 2 月，原国家旅游局先后公布两批共 500 个国家全域旅游示范区创建名录，其中，河南省 26 个。2017 年 3 月，在第十二届全国人民代表大会第五次会议中，“全域旅游”首次被写入政府工作报告，成为政府工作的新任务之一。2018 年 3 月，国务院办公厅印发《关于促进全域旅游发展的指导意见》，全域旅游正式上升为国家战略，国家全域旅游示范区建设如火如荼开展起来。

学术界对全域旅游的相关研究萌芽于 2011 年。截至 2020 年 4 月 6 日，在中国知网中以“全域旅游”为关键词进行词条搜索，将期刊、硕士、博士、特色期刊、标准、成果、学术辑刊 7 个数据库作为数据来源，共有 4572 篇文献，具体情况如图 1-2 所示。

---

① 张瑞，张建国．基于网络文本与 IPA 模型分析的上海辰山植物园旅游形象感知研究［J］．中国园林，2019，35（8）：83-87.

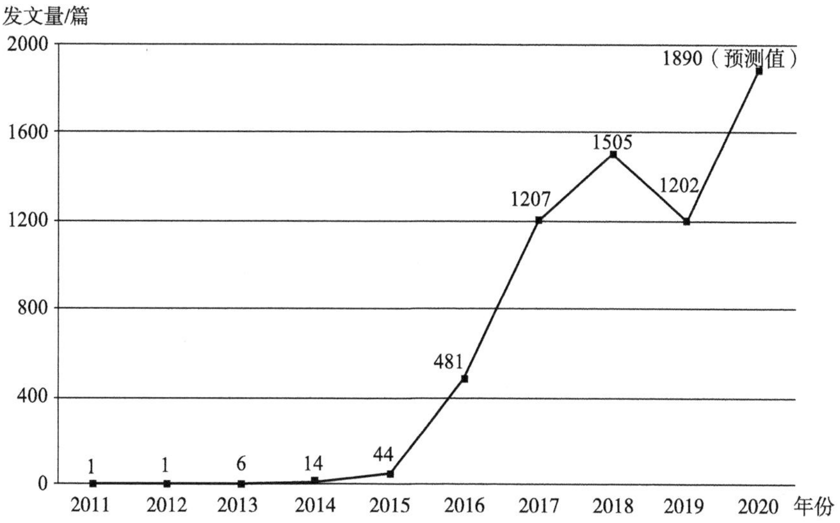

图 1-2 全域旅游文献数量统计图

从图 1-2 可以看出，2011—2015 年，关于全域旅游的相关文献数量极少，且该时期的文献多是以案例研究为主，借助全域旅游的理念规划旅游产业。自 2015 年以来，随着政府对全域旅游工作的大力支持以及相应政策的迅速颁布，学术界对全域旅游的关注呈爆发式增长，也导致相关文献数量迅速增加。通过对大量文献的梳理总结，笔者发现对于全域旅游的研究主要从以下几个方面进行。

（1）全域旅游相关概念研究

国内对全域旅游的研究最早始于其概念。国内最早正式提出全域旅游概念的是胡晓苒。2010 年，胡晓苒指出全域旅游就是通过对旅游资源进行全新整合，在不同的空间板块上，根据自身特色，形成独一无二的旅游产品或者功能各异的业态聚集区，以改变传统的由城市旅游或者某一景区或景点形成的旅游“垄断”，形成各自的旅游吸引物。① 厉新建、张凌云和崔莉（2013）提出了对全域旅游的解释，他们认为全域

① 胡晓苒．城市旅游：全域城市化北京下的大连全域旅游［J］．中国旅游报，2010.

旅游就是各行业积极融入其中，各部门齐抓共管，全城居民共同参与，充分利用目的地全部的吸引物要素，为游客提供全过程、全时空的体验产品，从而全面地满足游客的全方位体验需求，并认为全域旅游理念的核心是“四新”，要通过“八全”来落实。“四新”包括全新的资源观、全新的产品观、全新的产业观以及全新的市场观；“八全”即是指全要素、全行业、全过程、全时空、全方位、全社会、全部门以及全游客。① 张辉（2016）则认为全域旅游重点要实现“域的旅游完备”，即旅游的空间域、产业域、要素域和管理域完备，转变之前是以景区为主要架构、以单一旅游形态为主导、以单一要素的旅游资源为核心的开发管理理念，强调空间全景化的理念。② 吴海琴（2015）、张丽萍（2016）都认为全域旅游就是将一个行政区域当作整体进行旅游目的地建设，通过建设区域内的“旅游+”模式，实现产业融合。③④ 战丽娜（2018）则认为全域旅游就是因地制宜，在进行全域旅游规划时，根据自身的特色、优势，为旅游者提供完全满足其需求的旅游目的地，并为其提供不可替代的旅游产品。⑤ 全域旅游与政治性关联较强，原国家旅游局局长在全国旅游工作会议上做出解读：“全域旅游是在一定区域内，以旅游业为优势产业，通过对区域内经济社会资源尤其是旅游资源、相关产业、生态环境、公共服务、体制机制、政策法规、文明素质等进行全方位、系统化的优化提升，实现区域资源有机整合、产业融合发展、社会共建共享，以旅游业带动和促进经济社会协调发展的一种

---

① 厉新建，张凌云，崔莉．全域旅游：建设世界一流旅游目的地的理念创新——以北京为例［J］．人文地理，2013，28（3）：130-134.

② 张辉，岳燕祥．全域旅游的理性思考［J］．旅游学刊，2016，31（9）：15-17.

③ 吴海琴，张川．大都市近郊全域旅游型美丽乡村规划探索——以南京市汤山村为例［J］．小城镇建设，2015（11）.

④ 张丽萍．全域旅游发展中政府主导作用解析［J］．现代商贸工业，2016（32）.

⑤ 战丽娜．全域旅游的理性思考［J］．改革与开放，2018，（6）：26-27.

新的区域协调发展理念和模式。”① 目前社会普遍对该解读接受度和认可度较高。

（2）全域旅游发展模式研究

吕俊芳（2013）通过对全域旅游发展条件和特征进行解析，针对辽宁沿海经济带创造性地提出了“大城小镇嵌景区”的海洋全域旅游发展模式，即利用优质自然资源，在特质城市、特色景区、星罗棋布的特色村镇发展融一产、二产、三产于一体的“第六产业”。② 刘玉春、贾璐璐（2015）以安徽省旌德县为例，在相关理论研究的基础上，梳理全域旅游发展理念，通过“全域旅游助力经济发展”的模式为旌德县旅游经济发展提出相应的建设路径。③ 孟秋莉、邓爱民（2016）在阐述全域旅游概念的基础上，将之与乡村旅游相结合，深入研究了全新的乡村观、乡村旅游产品观，构建乡村旅游产品体系，以全域旅游助推精准扶贫，创新全域旅游发展模式，促进乡村经济社会协调发展。④ 许新国（2017）在综合分析县域旅游的基础上，结合河北省县域旅游发展的实际情况，提出了“以景区发展为核心，美丽乡村建设为载体，乡村旅游为产业支撑，‘旅游+’拓展行业，智慧旅游搭建平台，城乡统筹发展”的县域全域旅游发展模式。⑤ 钟娟芳（2017）提出将特色小镇规划建设与全域旅游理念相融合的旅游业创新发展方式，以促进当地经济社会发展。⑥ 王晓洋（2018）以全域旅游理论为指导，通过典型抽样选

---

① 李金早．全域旅游的价值和途径［N］．人民日报，2016-03-04（07）．

② 吕俊芳．以“海洋全域旅游”服务“五位一体”现代化建设—以辽宁沿海经济带为例［C］．//中国旅游研究院．2013 中国旅游科学年会论文集．2013：571-575．

③ 刘玉春，贾璐璐．全域旅游助推县域经济发展——以安徽省旌德县为例［J］．经济研究参考，2015（37）：97-101+112．

④ 孟秋莉，邓爱民．全域旅游视阈下乡村旅游产品体系构建［J］．社会科学家，2016（10）：85-89．

⑤ 许新国．河北省县域全域旅游发展模式构建分析［J］．旅游纵览（下半月），2017（2）：195-196．

⑥ 钟娟芳．特色小镇与全域旅游融合发展探讨［J］．开放导报，2017（2）：54-58．

取江苏省正在建设中的特色小镇进行实地调研分析，引入 PPP 模式，从政府制度补给、产业发展、建设形态和功能叠加四个方面，探索出江苏省“全域旅游+特色小镇”的发展模式。[①] 郭伟、薛耀文（2019）对全域旅游发展模式进行总结，认为龙头景区带动型模式、城市全域辐射型模式、全域景区发展型模式、特色资源驱动型模式以及产业深度融合型模式是全域旅游典型的五种发展模式,[②] 获得了专家学者们的一致肯定。

（3）全域旅游示范区建设研究

自 2016 年原国家旅游局先后公布 500 个全域旅游示范区创建名录后，各地掀起全域旅游的建设高潮，全域旅游建设卓有成效。随后，国家文化和旅游部办公厅又相继颁布国家全域旅游示范区验收认定标准系列文件，分别为《国家全域旅游示范区验收、认定和管理办法（试行）》《国家全域旅游示范区验收标准》以及《国家全域旅游示范区验收工作手册》，这一系列文件的印发极大地刺激了各地区全面建设全域旅游示范区的热情，使全域旅游建设更加规范。随着对全域旅游相关理论研究的逐渐完善，不少学者将研究对象瞄准到全域旅游示范区建设和发展水平中来，且大多采用定量研究的方法，并采用数学模型来对全域旅游示范区的全方位建设进行测算。

张河清、邓泽平和王蕾蕾（2019）以广东省 14 个国家全域旅游示范区创建单位为例，从要素竞争力、市场竞争力、管理竞争力、发展竞争力、新媒体评价五个方面，选取 21 个指标构建特殊区域旅游竞争力评价模型，并利用因子分析法、聚类分析法等定量研究方法进行实证研究，提出了优化和提升广东省全域旅游发展的相关建议。[③] 张仪华、王

① 王晓洋．全域旅游视阈下江苏特色小镇可持续发展对策［J］．社会科学家，2018（7）：73-77.

② 郭伟，薛耀文．基于全域旅游的龙头景区带动型模式研究——以山西省临汾市为例［J］．改革与战略，2019，35（2）：71-81.

③ 张河清，邓泽平，王蕾蕾．特殊区域旅游竞争力评价研究——基于广东省 14 个国家全域旅游示范区的实证分析［J］．生态经济，2019，35（7）：135-140.

园（2019）以福建省内全域旅游示范区创建单位为例，选取各地年度区域经济数据和旅游全域化的指标数据，定量分析区域经济系统与全域旅游系统的耦合协调发展程度，得出福建省全域旅游与区域经济耦合协调程度属于中等水平的结论。可见，区域经济水平越高，地方产业越具延展性、可持续性，发展全域旅游的成效越明显，两个系统的协调也越趋于良性。① 王旭科、刘文静等（2019）采用聚类分析和因子分析法，选取了发展环境、公共服务等六项要素构建全域旅游发展水平评价指标体系，分析了山东省各地市全域旅游的发展水平和特征。② 徐珍珍、余意峰（2019）以 500 个国家全域旅游示范区作为研究对象，运用 GIS 空间分析技术和数理统计方法，系统研究国家全域旅游示范区的空间分布及其影响因素，发现其分布主要受到旅游资源禀赋、旅游业发展水平、交通条件以及政策因素的影响。③ 林明水、廖茂林、王开泳（2019）选取东部、中部和西部共 37 个全域旅游示范区作为样本，从全域旅游发展的全时空、全产业、全要素、全管理和全支持五个方面系统构建国家全域旅游示范区竞争力评价指标体系，采用空间主成分分析和空间自相关分析方法测度国家全域旅游示范区竞争力及其空间自相关性，进一步丰富了旅游目的地竞争力评价理论和研究方法，为国家全域旅游示范区的创建提供科学依据。④

但是也有少部分学者从定性的角度对全域旅游示范区的整体规划进行研究。袁媛、周剑云、匡昭敏（2019）以马山县全域旅游发展总体

---

① 张仪华，王园．全域旅游产业与区域经济的耦合协调发展研究——以福建省为例［J］．技术经济与管理研究，2019（1）：95-99.

② 王旭科，刘文静，李华．全域旅游发展水平评价指标体系构建与实证［J］．统计与决策，2019，35（24）：51-54.

③ 徐珍珍，余意峰．国家全域旅游示范区空间分布及其影响因素［J］．世界地理研究，2019，28（2）：201-208.

④ 林明水，廖茂林，王开泳．国家全域旅游示范区竞争力评价研究［J］．中国人口·资源与环境，2018，28（11）：83-90.

规划为例，通过对该规划的解析，剖析其旅游发展存在的问题，开展全域旅游资源评价与市场分析，对具体规划内容进行剖析，以期能为类似项目提供参考。① 金仁重（2019）将 CIS 战略引入全域旅游示范区的创建工作中，在以理念识别为核心的基础上，对行为识别和视觉识别进行具体化设计，再对三者在时间跨度和空间维度上推进总体设计，以提高国家全域旅游示范区的识别度、知名度和美誉度，通过识别系统来突出该示范区的无形资产。②

1.3.1.2 旅游形象感知研究

（1）旅游形象感知概念研究

国内学者最早对旅游形象进行研究始于 20 世纪 90 年代。在对其内涵和概念研究方面，保继刚（1988）把人们在为一定的旅游动机而进行旅游活动决策时所搜集到的各种信息在个体中的集合反映定义为人们感知到的旅游形象。③ 李蕾蕾（1999）认为旅游目的地形象就是旅游者对旅游地所持有信息的处理过程及结果。④ 王磊、刘洪涛、赵西萍（1999）从发射性目的地形象（PDI）和接受性目的地形象（RDI）入手，探究旅游目的地形象形成的过程，深入研究了旅游目的地的形象内涵。⑤ 李巍、张树夫（2002）认为旅游形象就是指所有旅游者（旅游者和潜在旅游者）对旅游目的地的地域性和主观感知评价的总和。⑥ 廖卫华

---

① 袁媛，周剑云，匡昭敏．县域全域旅游发展总体规划探析——以广西马山县为例［J］．规划师，2019，35（12）：57-64.

② 金仁重．基于 CIS 战略的国家全域旅游示范区创建［J］．中国农业资源与区划，2018，39（8）：158-163.

③ 陈健昌，保继刚．旅游者的行为研究及其实践意义［J］．地理研究，1988（3）：44-51.

④ 李蕾蕾．旅游目的地形象策划——理论与实务［M］．广东：广东旅游出版社，2006.

⑤ 王磊，刘洪涛，赵西萍．旅游目的地形象的内涵研究［J］．西安交通大学学报，1999（3）：25-27.

⑥ 李巍，张树夫．旅游地形象认知心理分析与测评［J］．地理与地理信息科学，2007（3）：92~95.

（2005）认为，旅游者对旅游目的地内各要素的感知综合构成旅游形象，是旅游目的地在旅游者心中的集中反映，也是吸引旅游者形成旅游活动的重要因素。① 齐静文（2010）认为旅游目的地形象是旅游目的地期望旅游者所形成的印象。② 叶生、王东（2011）认为旅游感知形象作为旅游主体对旅游地的体验感知和情感评价，较容易受到外部环境和人生经历的影响，其对同一旅游目的地的形象感知也会产生差异。③ 李春萍、张简（2017）认为旅游形象感知就是把旅游者对游览地的客观认识和其自身个体文化背景相结合而形成的理性认识与感性认识的综合评价。④

（2）旅游形象构成要素研究

李蕾蕾（1999）认为旅游者对旅游目的地形象的感知，不仅是旅游者对旅游地所在的地理环境，比如园林、山水、花木等实体环境的感知，还包括对旅游地人文社会的感知，旅游地当地居民、旅游服务人员以及其他旅游者，并将其总结为“人—地”感知系统以及“人—人”感知系统，这二者结合可以使旅游者愉目愉心，是促使旅游者重游目的地的重要因素。⑤ 薛会娟（2008）从旅游形象感知场的形成机制入手，将旅游形象感知分为四种类型，分别为本底感知、决策感知、实地感知和复合感知，并阐述四种类型之间的互动关系和内在规律。⑥ 姚长宏、刘爱利（2012）以“人—地”系统理论为基础，构成了包含感知主体、客体以及感知形成过程的旅游形象感知体系，为旅游形象感知研究提供

---

① 廖卫华．旅游地形象构成与测量方法［J］．江苏商论，2005（1）：140-142.

② 齐静文．旅游目的地感知形象认知规律研究——以桂林为例［D］．桂林：桂林理工大学，2010.

③ 李玺，叶升，王东．旅游目的地感知形象非结构化测量应用研究——以访澳商务游客形象感知特征为例［J］．旅游学刊，2011，26（12）：57-63.

④ 李春萍，张简．基于网络文本分析的国内外游客旅游目的地形象感知差异研究——以西安回民街为例［J］．旅游论坛，2017，10（6）：97-110.

⑤ 李蕾蕾．人—人感知系统：旅游地形象设计新领域［J］．人文地理，1999（4）：10-14.

⑥ 薛会娟．旅游地感知场的形成机理及管理对策探讨［J］．人文地理，2008（1）：98-101+97.

了理论基础。①

（3）旅游形象感知测量研究

目前，对旅游目的地形象感知进行测量的方法一般有两种，分别是结构化的方法和非结构化的方法。结构化方法就是定量研究的手段，多是用数学模型进行实证推理，如统计分析、结构方程模型、因子分析等；非结构方法则包括内容分析法、照片分析法等。随着互联网技术的逐渐发展，将非结构化的质性研究方法和结构化方法相结合进行旅游形象感知研究成为主流。李茜、王东红等（2013）以西安为研究对象，采用问卷调查法，并结合 SPSS 软件，定量分析西安市旅游形象，为西安市旅游发展提供指导性建议。② 刘力（2013）采用结构方程模型，深入探讨了潜在旅游者的旅游目的地形象形成过程以及影视剧对潜在旅游者旅游意向的影响机制。③ 徐虹、韩林娟（2018）从“认知—情感”理论出发，通过搜集网络游记，厘清京味文学作品中的胡同形象和游客感知到的胡同形象之间的差异所在，针对文学作品和实际感知之间的差距，为胡同形象提升、文学旅游产品开发和胡同人文精神传承提供发展策略和建议。④ 张洪昌、舒伯阳（2019）从入境旅游者的角度入手，通过 KHCoder 软件，以黔东南州为例，搜集网站的英文评论作为数据样本，对入境游客的民族村寨旅游形象感知进行系统分析，得出国际旅游认知形象感知主要表现在旅游目的地、旅游吸引物等四个方面旅游形象

---

① 姚长宏，刘爱利．旅游形象感知体系及其结构辨析［J］．现代商业，2012（34）：73-75.

② 李茜，王东红，李士娟．西安市旅游目的地形象感知测量研究［J］．西北大学学报：（自然科学版），2013，43（5）：815-820.

③ 刘力．旅游目的地形象感知与游客旅游意向——基于影视旅游视角的综合研究［J］．旅游学刊，2013，28（9）：61-72.

④ 徐虹，韩林娟．文学旅游中的艺术形象与游客感知形象对比研究——以北京胡同游为例［J］．旅游论坛，2018，11（5）：46-55.

感知曲线的“长尾”分布特征。[①] 刘彬、甘巧林（2015）从网络上收集婺源官方宣传照片和旅游者摄影图片，利用照片分析法，对二者进行对比研究，找出二者所建构的婺源旅游形象的差别。[②]

1.3.1.3 全域旅游形象感知研究

目前学术界鲜少有学者将全域旅游与形象感知两个概念结合起来进行研究。在中国知网上以“全域旅游形象感知”为主题进行检索，共搜到7篇相关文献，其中有3篇为硕士论文。在研究方法上，也多是采用非结构化的方法。潘珠、吴星（2020）以知名网站的游记和攻略为研究数据，采用数据挖掘软件，对海南省旅游形象进行感知分析，并针对感知情况提出了优化建议。[③] 同样，刘力钢、陈金（2019）利用质性研究方法，对大数据时代的边境地区全域旅游形象品牌提升策略进行研究。[④] 崔人元、刘康（2019）在分析贵州省红色旅游发展现状的基础上，结合贵州省自身情况，将全域旅游的概念融入红色旅游形象设计中，从创新业态、产品设计、产品开发三个方面进行贵州省旅游形象的策划，打造“重温红色，多彩贵州”的旅游品牌，实现贵州省旅游的可持续发展。[⑤] 王家祥、夏必琴（2019）通过梳理全域旅游发展的背景和内涵，从资源和文化这两个要素出发，为城市形象的塑造提供了建议。[⑥] 张新想、王立新等（2019）通过问卷调查方式收集数据，用卡方检验等方法分析了在

---

① 张洪昌，舒伯阳．基于网络文本分析的民族村寨国际旅游形象感知研究——以黔东南州为例［J］．西北民族大学学报（哲学社会科学版），2019（3）：145-152.

② 刘彬，甘巧林．Web2.0时代下的旅游摄影与婺源旅游地形象研究——基于旅游摄影照片的内容分析［J］．旅游论坛，2015，8（3）：14-21.

③ 潘珠，吴星．基于网络文本分析的海南旅游目的地形象感知研究［J］．中国经贸导刊（中），2020，11（3）：44-57.

④ 刘力钢，陈金．大数据时代边境地区县域全域旅游目的地品牌形象提升策略［J］．企业经济，2019，38（10）：48-54.

⑤ 崔人元，刘康．全域旅游背景下贵州红色旅游形象设计［J］．中国集体经济，2019（23）：114-115.

⑥ 王家祥，夏必琴．基于全域旅游视角的城市旅游形象提升思考［J］．旅游纵览（下半月），2019（8）：56-57+60.

全域旅游背景下，旅游者对秦皇岛市旅游形象的感知，并将其与官方定位形象相比较，得出形象感知偏差，提出相应建议。①

1.3.2 国外研究综述

1.3.2.1 全域旅游研究

通过中国知网对全域旅游国外文献进行检索，发现国外并没有全域旅游的概念，但是早已将全域旅游的思想运用到城镇旅游、乡村旅游中。1964 年，斯塔斯菲尔德（Stanfield）出版了《美国旅游研究中的城乡不平衡》，书中指出城镇旅游研究将是旅游业中不可忽视的一个重要领域。彼特·霍尔（Peter Hall）也曾经预言，20 世纪 70 年代以后，将是欧洲大城市和历史文化小镇旅游业大爆发的时代，城镇旅游即将盛行。② 巴顿（Bardon）通过对西班牙近 20 年城镇旅游的研究证明了现代城镇旅游非常有利于推动西班牙农村地区的发展。在许多国家，城镇旅游被认为是一种阻止农业衰退和增加城镇收入的有效手段。

国外的全域旅游实践以旅游业为主导，通过一系列相关政策和规划的指导和扶持，成功构建了一批全域旅游产业实践区，如法国的蔚蓝海岸大区，即法国的普罗旺斯等，意大利的托斯卡纳大区以及瑞士的阿尔卑斯山地区。

法国蔚蓝海岸大区的全域旅游主要体现在乡村、城市旅游的一体化上，并且高效地挖掘本地旅游资源，打造传统农渔产品特色旅游。南欧著名的渔港马赛、以薰衣草种植和鲜花享誉世界的普罗旺斯、世界著名

① 张新想，王立鑫，胡克婷，朱志刚，李丽艳．全域旅游背景下秦皇岛形象感知调研［J］．现代营销（信息版），2019（10）：230-233.

② Yu Sheng. Tourism and Recreation of City ［M］. Shanghai：Eastern Normal University Press，2003. 15.

的香水原料供应地格拉斯以及全球最负盛名的桃红葡萄酒产区……蔚蓝海岸大区将这些独具特色的农渔产品与旅游产业相融合，住宿、餐饮等产业同步发展。不仅如此，法国还十分注重共建共享原则，将当地居民也看作服务对象，重视当地居民态度，并将其纳入考评体系中。

意大利的托斯卡纳大区同样具有十分丰富的旅游资源，并且将当地富有特色的红酒、皮具、手工玻璃制品作为旅游产品，与农牧业、手工业和时尚创意产业相结合，开创出古琦（GUCCI）等顶级奢侈品品牌，地方品牌产业与旅游业相得益彰，更加促进了当地旅游业的发展。意大利的托斯卡纳大区整体城镇化比率高达70%，说明该地区具有稳定的经济和社会活力。政府对当地旅游业的重视程度特别高，对旅游业进行整体协调，并联合相关职能部门，如文化、农业、商业、会展等，还有地区非政府组织与旅游相关的各大委员会，构成巨大的旅游网络，共同制定旅游业发展方向以及行动策略。

西班牙的全域旅游也充分发挥了自身特色，主要发展主题为“阳光与海滩”的旅游模式，并逐渐从发展中找出问题，一步步优化、完善旅游模式。在夏威夷，全域旅游更注重当地居民的权益，当地政府赋予其旅游参与决策权，让居民在旅游发展中获得利益，用旅游提高就业，促进当地经济发展。美国拉斯维加斯的全域旅游发展则充分体现在产业融合的角度上，打造“旅游+”模式，将旅游与地产、移民、商务办公、演艺、时尚、体育竞技等产业高度结合，为游客提供多功能的休闲旅游胜地。

1.3.2.2 旅游形象感知研究

（1）旅游形象感知概念研究

国外对旅游目的地形象的研究始于20世纪70年代。亨特（J. D. Hunt）（1971）首次提出了“旅游目的地形象”的概念，他认为旅游地形象是人们对非居住地所持的印象，即外界作用于人脑而形成的意识流。[①] 劳森（Lawson）（1997）将旅游目的地形象看作个体组织对特定事物的认识、印象和情感的表达。[②] 费基（Fakeye）、克朗普顿（Crompton）（1991）认为旅游形象感知就是潜在旅游者在众多旅游目的地形象中，根据自己的主观印象挑选出来的符合自身期望的印象，据此来完成对旅游目的地的想象。[③] 吉姆（Kim）（2003）认为旅游目的地形象是随着时间变化的，旅游者累积形成的对某一目的地认知形象、信念、期望与感情的总和。[④]

（2）旅游形象感知构成要素研究

1972年，美国学者冈·克莱尔（Gunn Clare）在《旅游景观》一书中，提出旅游感知形象由两个因素构成，分别为原生形象和诱导形象。原生形象指潜在旅游者根据获取到的旅游信息在进行旅游活动之前形成的旅游形象，而诱导形象则出现在旅游活动进行时。[⑤] 高德纳（Gartner）（1993）根据旅游感知形象形成过程把旅游感知形象分为明显诱导、隐藏诱导、自主原生等8个类型。[⑥] 马赞斯（Mazance）（1994）将旅游目的地形象划分为本体形象、媒介传播形象以及游客感知形象。[⑦] 此外还有巴洛格鲁（Seyhmus Baloglu）（1999）等提出的旅游目的地形象“认

---

① HUNT J D. Image as A Factor In Tourism Development [J]. Tourism Recreation Research, 2016, 13 (3): 1-7.

② 张珍珍．李君轶．旅游形象研究中问卷调查和网络文本数据的对比——以西安旅游形象感知研究为例 [J]. 旅游科学, 2014, 145 (6): 73-81.

③ FAKEYE P, CROMPTON J. Image Differences between Prospecfive, First-Time, and Repeat Visitors to the Lower Rio Grande Valley [J]. Journal of Travel Research, 1991, 29 (2): 10-16.

④ KIM H, Richardson S L. Motion Picture Impacts on Destination Images [J]. Annals of Tourism Research, 2003, 30 (1): 216-237.

⑤ GUNN C. Vacation scope. Austin: Bureau of Business Research [M]. University of Texas. 1992.

⑥ GARTNER W C. Image Formation Process [J]. Journal of Travel and Tourism Marketing, 1993, 2: 199-212.

⑦ MAZANCE J A. Image Measurement with Self-organizing Maps: A Tentative Application to Austratrian Tour Operators [J]. The Tourism Review, 1994, 49 (3): 9-18.

知—情感”模型，将旅游者感知形象分为认知形象和情感形象，其中，认知形象是旅游者对旅游目的地属性的认识，而情感形象则是旅游者对旅游目的地的一种感情，两种形象共同构成目的地的综合形象。① 这一说法得到了很多学者的认同。贝尔利（Beerli）（2004）对访问前后的目的地进行感知和评估，将目的地的形象维度划分为 9 类，即自然资源、自然环境、社会环境、公共设施、旅游设施、休闲娱乐、历史文化、政治经济因素和地域氛围。②

（3）旅游形象感知测量研究

对旅游形象感知测量进行研究的最主要的方法是问卷调查。皮尔斯（Pearce）（1982）采用六点式李克特量表测量旅游者的形象感知程度，并比较了他们在旅游前和旅游后对旅游目的地国家的不同的感知。③ 麦凯（Mackay）（1997）运用问卷统计分析的方法研究图像对旅游目的地形象的影响。墨菲（Murphy）（1999）采用结构法和非结构法相结合的方法对澳大利亚旅游度假地的形象做了研究。④ 崔（Choi）等（2007）使用 CATPAC Ⅱ软件，以谷歌和雅虎旗下有关旅游的网站文本为研究对象，研究了澳门的旅游目的地形象。⑤ 黄（Huang）等（2010）通过对网络日志的研究，提出积极的旅游目的地形象感知对游客的购买行为具有正面影响。⑥ 马里亚纳（Mariana）、艾默生（Emerson）（2020）通过调查问卷和结构方程模型，研究了旅游期望、旅游目的地形象、社交

---

① SEYHMUS B, KEN W, McCleary. A Model of Destination Image Formation [J]. Annals of Tourism Research1999b, 26 (4): 868-897.

② BEERLI A, MARTIN J D. Factors Influencing Destination Image [J]. Annals of Tourism Research, 2004, 31 (3): 657-681.

③ PEARCE P L. Perceived Changes in Holiday Destinations [J]. Annals of Tourism Research, 1982, 9 (2), 145-164.

④ 刘乐. 旅游目的地形象演变研究 [D]. 昆明：云南财经大学，2015.

⑤ CHOI S, LEHTO X Y, Morrison A M. Destination Image Representation on the Web: Content Analysis of Macau Travel Related Website [J]. Tourism Management, 2007, 28 (1), 118-129.

⑥ HUANG C Y, CHOU C J, LIN P C. Involvement Theory in Constructingbloggers' Intention to Purchase travel Products [J]. Tourism Management, 2010, 31 (4): 513-526.

媒体、口碑传播以及实地经验这几种模型间的相互关系。①

1.3.3 研究述评

通过对以上文献的梳理总结，我们不难发现：全域旅游的提出是解决我国旅游业发展实际问题的正确选择，对促进旅游产业供给侧改革具有重要意义。随着时代的发展，旅游目的地形象问题已经成为能否驱动旅游者产生旅游意愿的关键。它是潜在旅游者在旅游活动前对旅游目的地的预先评价，也是现实旅游者在进行旅游活动后对该地区的信仰、印象和看法的总和。② 目前学者们在全域旅游宏观理论或者实践案例的研究上颇有成果，但是从旅游者角度进行的研究还较少。旅游目的地感知形象的感知主体主要是旅游者，国内外学者对其概念、构成要素、影响机理等方面都颇有研究，但是，针对全域旅游建设中旅游形象的研究极少。因此，将全域旅游与旅游目的地形象感知相结合进行研究，丰富了研究视角。

在研究方法的选择上，早期，学者们对问题研究都是采用定性的研究方法，从概念、内涵等方面对其进行界定。随着研究的不断深入，学者们逐渐将定量化的研究方法加入进来，采用定性和定量相结合的研究方法，建立数学模型，用数据和逻辑推理对结论进行验证，对全域旅游和形象感知的研究也是如此。学者们首先用定性的研究方法对全域旅游的概念、内涵和外延进行说明，并不断丰富其理论，后来将定量化的因子分析、结构方程模型等加入进来。对旅游目的地形象感知研究则主要是通过问卷调查来获取旅游者心中的目的地形象。本书在研究方法的选择上，通过结构化和非结构化相结合的方法，通过获取网络文本作为研

---

① MARIANA , EMERSON. Ricardo Gouveia Rodrigues. Tourist Expectations and Perception of Service Providers: A Brazilian Perspective [J]. Springer Berlin Heidelberg, 2020, 14 (1).

② 杨杰，胡平，苑炳慧．熟悉度对旅游形象感知行为影响研究——以重庆市民对上海旅游形象感知为例 [J]. 旅游学刊, 2009, 24 (4): 56-60.

究数据，通过扎根理论自下而上分析河南省的全域旅游建设，并且利用IPA模型分析法对该地的旅游建设情况提出相应的建议。

1.4 研究方法

本书在进行全域旅游形象感知的研究时，主要采用结构化与非结构化相结合的研究方法。非结构化的研究方法属于定性研究方法，包括自由访谈法、图片分析法、内容分析法等。本书的研究主要采用内容分析法，即通过对网络文本数据的深入挖掘、层层编码，自下而上地从原始数据中归纳总结，得出一定结论。结构化方法属于定量研究方法，包括结构方程模型、因子分析法、主成分分析法、方差分析法、IPA分析法、李克特量表分析法等。本书主要采用IPA分析法，根据非结构化方法的研究结论，将归纳总结出的指标按照旅游者的满意度对其绩效表现打分，从旅游者的角度找出河南省在全域旅游建设过程中应该注意的问题，并加以改进。

除此之外，在研究之初，主要采用定性研究方法中的文献研究法，即通过对全域旅游、旅游形象感知相关方面的文献进行梳理总结，形成文献综述，并参考相关学者的研究过程，制定本书的研究过程和研究框架。

1.4.1 文献研究法

文献研究法顾名思义就是通过对所研究问题相关文献的搜集、鉴别和整理对研究事实进行科学的描述。

采用文献研究法进行科学研究，一般分为提出假设、研究设计、查找文献、文献梳理以及进行文献综述这5个步骤。

本书主要利用互联网数据库资源进行国内外全域旅游、旅游形象感知相关文献的搜集获取，初步了解研究对象的研究进程和相关定义、概念，为本书的研究奠定扎实的理论基础。同时，查阅国外优秀的、成功的产业实践，取其精华，去其糟粕，应用到河南全域旅游的建设中，做到理论和实践相结合，为河南省全域旅游的建设建言献策。

1.4.2 内容分析法

内容分析法是一种客观的、系统的、定量的研究方法，能够对研究对象的内容进行深入分析和挖掘，并能够透过现象看到本质结论。采用内容分析法进行一般项目的研究时，主要分为以下几个步骤。首先是抽样，即获取数据。其次，确定数据类别。通过对数据的整理，根据研究目标，将获得的数据分成不同的类目，不同类目之间应该保证互不影响、互相独立。再次，进行记录单位和语境单位的确定。这一步骤首先要去除原始数据中不需要的内容，再根据上一步骤提取出的不同类目，将剩余的有用信息根据不同的主体和类别继续进行分类。最后，就是将非量化的文字内容进行量化处理。这一步骤一般都需要先建立一定的规则或者利用相关软件进行统计分析，一般通过分析各级类目在整体数据中出现的频次、构成的语义网络等，获得研究结论。

在本书的研究中，首先，是通过数据采集软件，如八爪鱼采集器，爬取旅游者在各大在线旅游网站中留下的关于河南省的大量游记。其次，根据一定的时间和内容限制规则，删除不需要的数据内容，对剩下的文本进行内容分析，从中提取河南省全域旅游中旅游者所关注的旅游要素，并将其归类，形成一系列指标，并统计各指标出现的频次和权重，进行下一步的研究。

1.4.3 重要性—绩效（IPA）分析法

重要性—绩效分析（Importance-performance Analysis）又被称为顾

客窗户，主要是对用户所使用产品或服务的感受进行打分，服务供应商通过对其感知重要性评分以及实际体验评分的比较，找出企业当前提供产品或服务的缺陷，并制定优先发展的顺序，从而找到提高顾客满意度和忠诚度的途径。

进行重要性—绩效分析时，第一步，要收集数据。在收集数据之前，首先要确定进行评价的产品和服务。其次，对于选定的产品和服务，要找到具体评价的指标，并确定研究对象，即确定打分的主体——客户，邀请他们在体验过产品后对所列的评价指标进行打分，同时对这些产品相应指标的重要性进行打分，分值范围 1—5，分值越高，说明客户的实际体验度越高，这些产品以及服务对于他们的重要性就越高。第二步，以同样的标准，请供应商对自己的产品或服务进行打分，同时，也要对产品的重要性程度进行打分，分值范围仍然是 1—5，并将所有的结果填入表格中。第三步，对客户以及供应商的打分结果进行计算，得到平均值，并利用重要性—绩效分析进行分析。

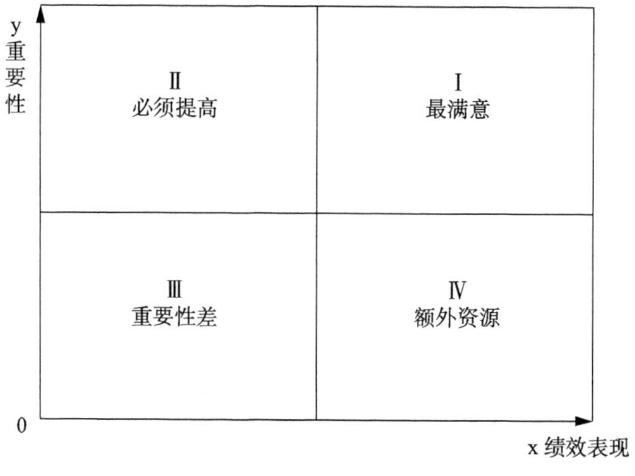

图 1-3 重要性—绩效分析图

将客户的实际感知作为 x 轴，产品指标对客户的重要性作为 y 轴，建立平面直角坐标系，并将平面坐标分为四个象限（如图 1-3 所示）。

其中，位于象限Ⅰ中的产品的性能或者指标最令人满意，表示顾客对这一象限的实际体验以及重要性感知都很高，也表示供应商对该产品或服务做得相对较好。位于象限Ⅱ中的产品或服务表示必须提高。顾客认为位于这一象限的产品或服务对他们很重要，但做得不够好，所以在绩效表现上分值较低。位于象限Ⅲ中的产品或服务表示需要改进，但重要性程度低于象限Ⅱ中的产品或服务。位于象限Ⅳ中的产品或服务属于额外资源，企业在该方向所投入的资源可以转移到其他更重要的产品和服务中去，因此这一象限的产品或服务虽然做得好，但对于客户来说重要性不高。

本书在进行研究时，先通过内容分析法对网络游记进行整理，利用文本挖掘软件对游记语义网络、词频和情感形象进行分析，构建河南省全域旅游建设情况指标体系，对各指标体系进行量化打分，采用IPA分析法分析指标结果，得出旅游者对河南省全域旅游建设中最满意的地方和有待提高的地方，注意继续保持额外资源，最后改进重要性较低的指标，有的放矢地为加强河南省全域旅游建设出谋划策。

1.5 技术路线与研究内容

旅游业逐渐进入形象驱动时代后，良好的旅游目的地形象成为吸引旅游者进行旅游活动的重要因素，而随着旅游业进入升级转型的关键时期，全域旅游建设正当其时。

本书以全域旅游建设下的旅游形象感知为研究主题，以我国经济和文化大省河南省内全域旅游示范区创建单位为研究对象，在对相关基本概念及全域旅游等理论进行简单界定的基础上，借助大数据采集软件，从国内知名在线旅游平台，如携程、途牛及去哪儿网等，抓取旅游者分享的游记作为研究数据，构建全域旅游形象感知指标模型，并以此来评价河南省全域旅游省域示范区建设情况以及旅游者的满意度，并利用文本挖掘软件，对原始数据进行词频分析、语义网络分析和情感形象分析。根据分析数据，得出河南省全域旅游建设中出现的形象感知偏差。进一步利用IPA模型，深入分析河南省创建全域旅游示范区建设中的不足，并提出有针对性的对策建议。最后，对本书的研究进行总结与展望，找出研究过程中存在的不足，并对研究前景进行展望。

本书总体按照“确定研究问题—理论分析—实证研究—对策总结”的基本逻辑思路来进行，主要分为以下六个部分。

第1章主要对选题背景、国内外研究现状以及本书的研究方法和内容进行简单的介绍。在选题背景方面，首先介绍了第三产业尤其是旅游业在我国从无到有、从被忽略到成为国民经济支柱性产业的发展历程，以及国家大力推广全域旅游建设的战略部署。其次，阐明了随着国民经济的不断增长以及人民生活水平的提高，人们的旅游需求日益膨胀，对旅游质量的要求也越来越高，旅游市场的竞争日趋激烈，中国旅游业逐渐进入形象驱动时代。在研究阶段，笔者搜集阅读了大量的文献，分别从全域旅游、旅游形象感知、全域旅游视角下的旅游形象感知研究三个方面撰写文献综述。最后，根据本书的研究内容，绘制本书的技术路线图。

第2章主要是对与本选题相关的概念进行界定，并对相关基础理论进行简单论述。在查阅大量国内外文献的基础上，对全域旅游形象感知的相关理论进行梳理总结，将全域旅游理论、认知心理学理论、扎根理论以及相关学者提出的观点作为本书的研究基础和理论依据，深入剖析相关概念以及研究方法，为之后的研究奠定基础。

第3章主要是对原始数据搜集、处理的过程。首先，介绍本研究采用数据的来源，主要是利用数据采集软件——八爪鱼采集器，爬取旅游者在携程、马蜂窝、去哪儿等国内大型线上旅游网站留下的河南省旅游游记，获取大量调研数据。其次，对文本内容进行预处理，即人工对大量原始数据中不符合数据收集规则的数据进行删除，建立归并词群表、过滤词表和自定义词表，为后续的分析奠定基础。最后，通过内容分析法对原始数据进行归纳，提取意象代码，并进行三级编码，对重要和频繁出现的代码进行逐级归纳凝练，建立河南省全域旅游形象感知体系。

第 4 章主要对本书的研究对象进行简单的介绍，并对以上处理后的数据进行分析。首先，查找相关资料，了解河南省内旅游资源以及省域全域旅游建设现状，并对河南省各全域旅游示范区创建单位进行简单的介绍。其次，借助文本挖掘软件——Rost Content Mining 6 分析游记数据，得到高频词汇表、语义网络图以及情感分析图，根据高频词汇和语义网络图各节点，找出旅游者对河南省全域旅游建设情况印象最深的旅游要素和感受最多的情感状态，研究旅游者对河南省全域旅游的整体形象认知（认知形象和情感感知形象），借此构筑出游客心中的河南省全域旅游形象，并分析出河南省在全域旅游建设中存在的不足。

第 5 章则是应用 IPA 分析法对本书进行结构化分析，并为河南省全域旅游形象提升提出相应的对策和建议，这也是本研究的最终落脚点。在前几部分研究的基础上，将各指标要素按照评分进行 IPA 分析，通过研究落在继续保持区、供给过度区、优先顺序较低区以及加强重点改善区内的指标，制定相应的、更具有针对性的对策建议，对提升河南省全域旅游形象建设具有重要意义。

第 6 章是本书的结论与展望。首先，对本书的研究内容进行总结，对河南省全域旅游建设情况做出客观评价。其次，提出研究过程中的局限和不足。

根据本书内容绘制出的技术路线图（如 1-4 所示）。

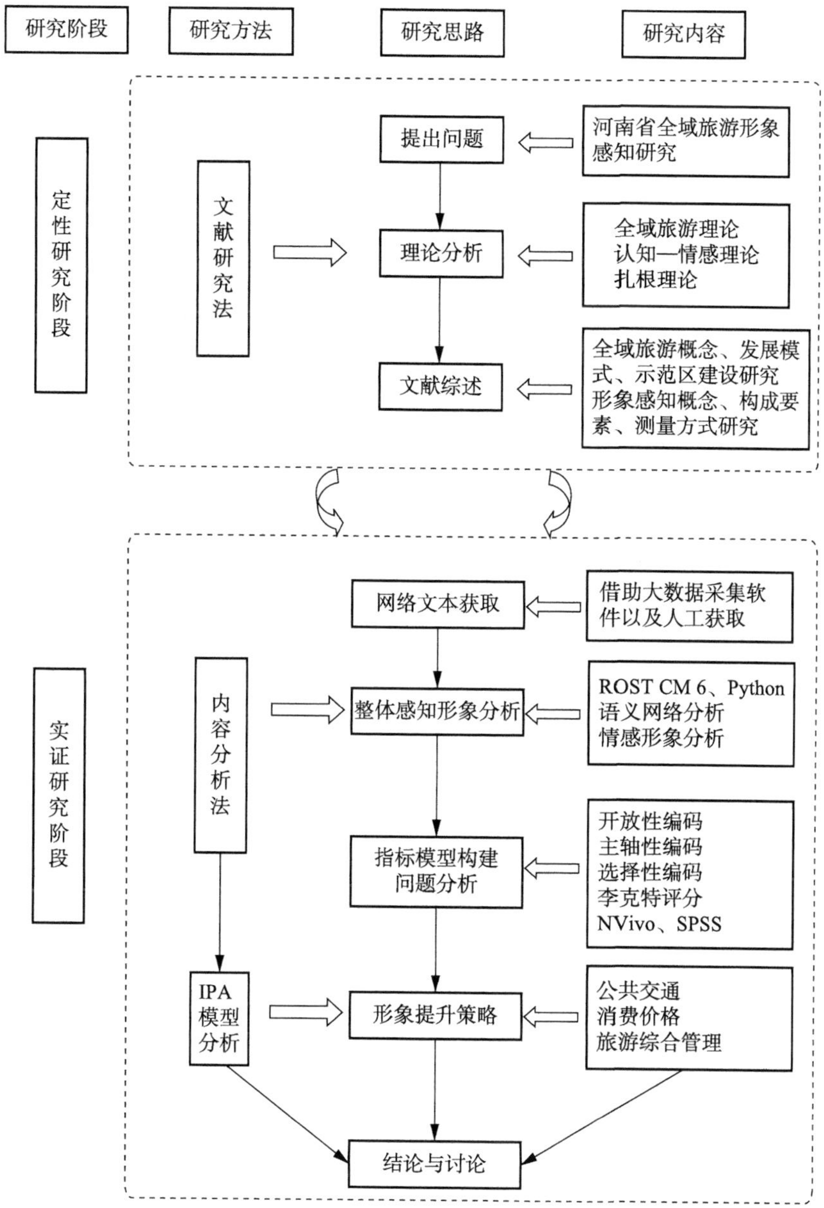
研究阶段
研究方法
研究思路
研究内容
定性研究阶段
文献研究法
提出问题
河南省全域旅游形象感知研究
理论分析
全域旅游理论
认知—情感理论
扎根理论
文献综述
全域旅游概念、发展模式、示范区建设研究
形象感知概念、构成要素、测量方式研究
实证研究阶段
内容分析法
网络文本获取
借助大数据采集软件以及人工获取
整体感知形象分析
ROST CM 6、Python
语义网络分析
情感形象分析
指标模型构建
问题分析
开放性编码
主轴性编码
选择性编码
李克特评分
NVivo、SPSS
IPA模型分析
形象提升策略
公共交通
消费价格
旅游综合管理
结论与讨论

图 1-4 技术路线图

2

相关概念界定和理论基础

2.1 相关概念界定

2.1.1 全域旅游

"全域"一词最早出现在20世纪30年代的地理学领域，后拓展至其他自然科学领域，表示实在或抽象的范围、范畴。旅游学界运用全域的理念进行相关研究则是在2003年，王德刚（2003）通过对日喀则市旅游资源以及发展旅游条件的综合分析，研究出了一种由政府主导、交通带动、外资协助以及国际联动的全域化、生态化、网络化、差异化和小型化的旅游发展模式。[①] 此后，直到2010年，胡晓苒正式提出"全域旅游"的概念。

学者们从多角度对全域旅游的概念进行界定。在全域旅游研究之初，大多数学者将"全域"二字分开来研究，分别从"全"和"域"的角度来界定全域旅游的概念。厉新建（2013）指出："全域旅游就是指各行业积极融入其中，各部门齐抓共管，全城居民共同参与，充分利用目的地全部的吸引物要素，为前来旅游的游客提供全过程、全时空的

① 王德刚．日喀则旅游发展模式研究［J］．旅游科学，2003（3）：29-32.

体验产品，从而全面地满足游客的全方位体验需求。”并且为了将全域旅游理念正式实施，还将与旅游活动相关的所有要素总结成了“八个全面”，分别包括了旅游基本要素、相关产业渗透、旅行活动过程、时间、旅游需求、旅游活动参与人员、旅游活动管理部门以及旅游者身份。蒙欣欣（2016）认为全域旅游是将特定区域进行整体规划、综合统筹布局，以促进旅游业全区域、全要素、全产业链发展，实现旅游业全域共建、共享、共融的发展模式，并归纳总结了全景（处处是旅游环境）、全时（时时是旅游时间）、全业（各行各业促进旅游发展）、全民（人人争当旅游体验与维护者）的“四全”发展模式。①

还有许多学者认为全域旅游不仅是要从“全”的角度来解释，更应该从“域”的角度来界定。张辉（2016）从全域旅游提出的社会背景和旅游背景来分析，认为要实现全域旅游的建设，就要完成“域的旅游完备”，即空间域（具有不同旅游功能的旅游目的地空间系统）、产业域（以旅游业为主导的复合型产业结构）、要素域（完善“旅游+”的旅游开发模式）、管理域（以旅游领域为核心的社会管理体系）。

还有许多学者认为如果仅从“全”和“域”的角度来讨论，就会造成概念的割裂，应该从整体上或者更加综合的角度对全域旅游的概念进行解析。杨振之（2016）认为全域旅游就是在旅游资源聚集地区，以旅游业为主导产业，在空间和产业双层层面上高效合理配置生产要素，以旅游来促进区域的经济发展，并使该区域持续具有竞争优势和能力的一种创新模式。② 刘玉春、贾璐璐（2015）认为全域旅游是把一个行政区作为旅游景区，在区域内进行区域建设、交通运输、环境保护和餐饮服务等各方面要素聚集、时空覆盖、产业融合、部门支持以及游客带动的资源优化、空间有序、产品丰富、产业发达的科学的旅游体系。

---

① 蒙欣欣．解析全域旅游发展模式［J］．旅游纵览（下半月），2016（4）：12-13.

② 杨振之．全域旅游的内涵及其发展阶段［J］．旅游学刊，2016，31（12）：1-3.

吕俊芳（2014）从城乡统筹的角度来解释全域旅游，她认为全域旅游就是按照行政区划，将每一个行政区当作一个旅游区，在该旅游区内实行旅游一体化措施，做到旅游产业资源优化、空间有序、产品丰富，并突破旅游景点和城市边界的局限，将区域建设、环境保护、交通运输和餐饮服务相融合，充分应用城郊、乡村、海洋等旅游资源，建立富有特色的旅游品牌，以第三产业创新发展第一、第二产业，进而实现城乡一体化、建设城镇和美丽乡村的双统筹。① 除了以上概念之外，原国家旅游局局长对全域旅游的解释被众多学者引用，他指出“全域旅游是在一定区域内，以旅游业为优势产业，通过对区域内经济社会资源尤其是旅游资源、相关产业、生态环境、公共服务、体制机制、政策法规、文明素质等进行全方位、系统化的优化提升，实现区域资源有机整合、产业融合发展、社会共建共享，以旅游业带动和促进经济社会协调发展的一种新的区域协调发展理念和模式”。

表 2-1 就以上具有代表性的概念进行总结。

表 2-1　智慧旅游概念一览表

作者	概念	发表年份
吕俊芳	全域旅游是一种旅游引领全域发展的整体发展范式，是把行政区当作旅游区，全部区域一体化发展旅游，是旅游产业的全景化、全覆盖，是资源优化、空间有序、产品丰富、产业发达的系统旅游	2014
刘玉春、贾璐璐	全域旅游是把一个行政区域作为一个旅游景区，是资源优化、空间有序、产品丰富、产业发达的科学的旅游体系	2015
胡晓苒	通过对资源重新整合，在各个空间板块上形成不同特色的旅游产品或业态集群，打破都市（或单一景区）旅游一枝独秀的接待格局，在不同的区域内打造各自旅游吸引物和服务业态	2010
厉新建	各行业积极融入其中，各部门齐抓共管，全城居民共同参与，充分利用目的地全部的吸引物要素，为前来旅游的游客提供全过程、全时空的体验产品，从而全面地满足游客的全方位体验需求	2013

① 吕俊芳．城乡统筹视阈下中国全域旅游发展范式研究［J］．河南科学，2014，32（1）：139-142.

续表

作者	概念	发表年份
蒙欣欣	全域旅游是将特定区域作为完整旅游目的地进行整体规划布局、综合统筹管理、一体化营销推广，促进旅游业全区域、全要素、全产业链发展，实现旅游业全域共建、全域共融、全域共享的发展模式	2016
张辉、岳燕祥	全域旅游不应从“全”的角度来认识，而应该从“域”的角度来解释，叫作“域的旅游完备”，也就是空间域、产业域、要素域和管理域的完备	2016
杨振之	全域旅游的核心内涵是在旅游资源富集地区，以旅游产业为主导或引导，在空间和产业层面合理高效配置生产要素，以旅游产业来统筹引领区域经济发展，持续增强区域竞争能力的创新模式	2016
原国家旅游局局长	全域旅游是在一定区域内，以旅游业为优势产业，通过对区域内经济社会资源尤其是旅游资源、相关产业、生态环境、公共服务、体制机制、政策法规、文明素质等进行全方位、系统化的优化提升，实现区域资源有机整合、产业融合发展、社会共建共享，以旅游业带动和促进经济社会协调发展的一种新的区域协调发展理念和模式	2015
战丽娜	在一定区域内，以旅游消费为平台，通过对区域内经济社会资源、相关产业、生态环境、公共服务、体制和政策等要素的整合、优化和提升，实现区域内旅游与社会经济的融合发展、创建社会共建共享的旅游环境，带动和促进经济社会协调发展的一种新的发展理念和模式①	2016

2.1.1.1 全域旅游的发展架构

全域旅游被看作解决我国旅游业供给不足问题的有力手段，更是实现我国旅游业转型升级的必要途径。2015 年，原国家旅游局局长提出全域旅游的概念后，全域旅游多次出现在国家领导人的讲话或者工作报告中。2016 年 12 月，全域旅游被写入国务院印发的《“十三五”旅游业发展规划》（以下简称《规划》）中，《规划》指出：“以推动全域旅游发展为主线，加快推进供给侧结构性改革，努力建成全面小康型旅游大国，将旅游业培育成经济转型省级重要推动力、生态文明建设重要引领产业、展示国家综合实力的重要载体、打赢脱贫攻坚战的重要生力

① 战丽娜．全域旅游的理性思考［J］．改革与开放，2018（6）：26-27.

军，为实现中华民族伟大复兴的中国梦做出重要贡献。”2017 年 3 月，李克强总理在中华人民共和国第十二届全国人民代表大会第五次会议上做政府工作报告，报告中全域旅游作为热词再次出现，“要完善旅游设施和服务，大力发展乡村、休闲、全域旅游”。

2018 年 3 月，国务院办公厅印发《关于促进全域旅游发展的指导意见》（以下简称《意见》），《意见》要求要从以下八个方面全面落实全域旅游建设：一是推进融合发展，创新产品供给。做好“旅游+”，推动旅游与城镇化、工业化以及商贸业、农业、林业、水利等融合发展。二是加强旅游服务，提升满意指数。以标准化提升服务品质，以品牌化提升满意度，推进服务智能化。三是加强基础配套，提升公共服务。扎实推进“厕所革命”，构建畅达便捷交通网络。四是加强环境保护，推进共建共享。推进全域环境整治，大力推进旅游扶贫和旅游富民。五是实施系统营销，塑造品牌形象。把营销工作纳入全域旅游发展大局，坚持以需求为导向，实施品牌战略。六是加强规划工作，实施科学发展。将旅游发展作为重要内容纳入经济社会发展规划和城乡建设等相关规划中，完善旅游规划体系。七是创新体制机制，完善治理体系。推进旅游管理体制改革，加强旅游综合执法，创新旅游协调参与机制。八是强化政策支持，认真组织实施。进一步加强财政金融、用海用地、人才保障和专业支持，优化全域旅游发展政策环境。

全域旅游作为一种全新的旅游发展模式，更是实现区域经济发展的重要理念。要实现全面建设全域旅游的发展目标，就要从原来的单独发展旅游业向全社会、多行业、多领域、综合性的方向迈进，让越来越多的行业与旅游业挂钩，让旅游发展理念融入区域经济发展的整体规划中。首先要立足实际，以市场为导向，抓住重点，不能追求“面面俱到”，根据市场要素的合理整合，构建全域旅游发展的“325”架构。

（1）“三网”架构

全域旅游发展“325”架构中的“3”所代表的含义是“三张网络”，分别为旅游交通网络、旅游公共服务设施网络以及智慧旅游网络。

所谓旅游交通网络系统，就是为完成旅游活动，促进旅游业发展，由公路线网、铁路线网、水运线网以及航空线网等运输方式以及其所属站点、港口、线路等一起组成的庞大的交通网络体系。通过交通网络系统，实现该区域内旅游资源的开发，保证旅游者高效快速地集散，使旅游活动一直保持“流动”的状态。

旅游公共服务设施是指为满足旅游者在旅游活动中的公共需求而提供的基础性、公益性的旅游公共产品和服务设施。旅游公共服务则是指由政府或者其他社会组织提供的、以满足旅游者基本需求为目标的、不以营利为目的的、具有公共性的产品或服务的事物的总称。总而言之，旅游公共服务设施网络包括了旅游者在旅游活动中所需要的一切基础性的产品和服务，如旅游信息咨询服务、旅游交通查询服务、旅游安全保障设施、旅游行政服务等，具体表现为旅游集散中心、游客咨询中心、旅游厕所、旅游标识、游客服务电话平台等建设。

智慧旅游则是在2008年以后随着互联网、云计算等信息技术的发展而被逐渐提起的，是旅游业信息化发展的重要产物，也是旅游业发展历史上的一次重大变革。姚国章等（2016）提出，智慧旅游是一种新的手段和模式。它以游客为中心，以互联网、物联网、云计算、3G通信、三网合一、GIS等“智慧技术”为手段，以计算机、移动设备、智能终端为工具，以智能服务、智能商务、智能管理、智慧政府为主要表现形式，以充分满足“吃、住、行、游、购、娱”六要素为基本出发点，为游客、旅行社、度假村、酒店、政府机关和其他形式的旅游参与者创造了一种新的旅游运作模式。[①] 其智慧化主要包括三个方面：营销智慧、服务智慧以及管理智慧。智慧旅游网络能够依据先进的信息技术，将所有的基础设施和旅游活动联通，为游客提供游、购、娱、食、住、行等全方位的智能化服务。

“三张网络”的强强联合为全域旅游的建设和发展提供了强有力的保障。如果将全域旅游的建设和全面施行比作人体，那么旅游公共服务设施网络就是这个人的躯干，旅游交通网络就是人体内的筋络血管，贯穿人体的各个角落，智慧旅游网络就像是人体的血液，为人体提供存活所必需的养料，保障人身体内各种机能的正常运行。三者相互联合、相互依存，共同构成了景区全域化建设的基础结构。随着旅游者对旅游体验的要求越来越高，全域旅游的建设除了要提升传统旅游景点的质量，还要创新发展其他的旅游资源，提升旅游目的地的吸引力。

（2）“2+”理念

全域旅游发展的两个核心理念分别为“旅游+”和“互联网+”。2015年5月，伯联投资顾问有限公司首次提出“旅游+”理念，并将其应用到了云南省文山州的旅游产业发展规划中，此后，该词得到广泛的关注和讨论。所谓“旅游+”，就是充分发挥旅游产业在经济发展中的巨大驱动力和融合能力，利用旅游业的催化和集成作用，将其与农业、工业、交通、卫生、科技等行业相融合，形成新型业态，整体提升各行业发展潜力和水平。习近平总书记强调：“旅游是综合性产业，是拉动经济发展的重要动力。”这句话很好地阐述了“旅游+”的发展理念。“旅游+”战略的提出，使得各行业都与旅游业相连接，旅游业的创新成果和先进技术能够更快地在其他行业间流传和应用。同样的，旅游业也能够快速吸收其他行业的优秀成果，使得自己的发展更加有创新力和

① 姚国章，丁世红，周晓平，韩玲华，等．智慧旅游新探索［M］．长春：东北师范大学出版社，2016：39-42.

活力，为自己的发展提供更多的机会。总之，“旅游+”战略的提出，对旅游行业和其他行业都是“双赢”。

“互联网+”是互联网技术和信息技术快速发展的时代成果，也是经济发展的新形态。“互联网+”概念首次被提出是在 2012 年 11 月，于扬在易观第五届移动互联网博览会的发言上。2014 年 11 月，李克强总理参加首届世界互联网大会，肯定了互联网的作用，并将互联网看作是中国大众创业、万众创新时代发展的新引擎。2015 年 3 月，李克强总理在第十二届全国人大三次会议上的政府工作报告中首次提出了“互联网+”的行动计划，随后，李克强总理签批了《国务院关于积极推进“互联网+”行动的指导意见》，推动互联网成为经济发展的新优势和新动能。简单来说，“互联网+”就是指“互联网行业+传统行业”，但又不只是二者单纯的加和，而是要打造出“1+1>2”的效果，就是将互联网与各行各业深度融合，从而改变传统的发展方式，甚至是改变人们的生活方式和消费习惯。

“旅游+”的发展战略是实现全域旅游建设的基本需求。在进行全域旅游的建设时，不同地区“+”的内容也要因地制宜，要将当地的品牌产业和特色与旅游业强强联合，打造旅游产业新业态，促进当地区域经济的发展。“互联网+”更像是实现全域旅游的工具，充分利用互联网时代下先进的信息技术，将之与旅游发展相结合，做到“旅游+互联网”互相支撑，互相促进。

（3）“5 层”开发架构

所谓“5 层”开发结构，分别是乡村建设、旅游景区建设、旅游综合体建设、旅游小镇建设以及旅游城市建设。全域旅游的核心理念就是要做到将具有旅游资源的旅游目的地打造成为“人人都是旅游形象，处处都是旅游环境”的优质旅游区域，让旅游者在旅游活动中时时感受优质的旅游体验，并满足旅游者多样的旅游需求。同样，要满足该条件，完成全域旅游建设，绝不能一蹴而就，要以小见大、逐级向上建设。乡村建设是全域旅游建设的最小单元，充分挖掘乡村旅游资源，完善旅游基础设施建设，建设美丽乡村。然后逐级向上，进行景区建设和联动，再根据旅游者的不同需求，建设具有不同功能的旅游综合体，将许多旅游综合体集合成为具有不同功能和不同特色的旅游小镇，许许多多的旅游小镇集合在一起，就完成了旅游城市的建设。这样逐级完成了全域旅游的建设。

2.1.1.2 全域旅游的发展特点

纵观诸多学者从不同角度对全域旅游的解读，通过梳理总结，我们就会发现一些共同特点。

（1）国家主导，统一规划

全域旅游发展的成长期是在 2015 年以后，这一年从国家层面对全域旅游下了定义，并且国家领导人在视察中多次提到“全域旅游”的概念。随后，国家又批示了一系列的国家全域旅游示范区创建单位建设名录。兵马未动，政策先行。国家相关部门用行动对全域旅游的建设表示了支持，这极大地推动了全域旅游的发展。而且，全域旅游的规划建设是一个大范围、大规模的行动，需要政府、企业、居民等各个层面的支持，单一的旅游企业、旅游目的地居民或者是单单依靠政府部门都无法完成。大到景区的规划与建设、基础设施的完备，小到公路绿地景观带样式的选择，都需要政府部门进行统一规划和行动，才能更好地将本地的优势旅游资源强强联合，提高旅游吸引力。

（2）产业融合，旅游转型

随着人们物质生活水平的提高，人们对于旅游的需求和要求也越来越高，单一的旅游景区或者传统的“食、住、行、游、购、娱”旅游六要素已经不再能满足旅游者的需求，因此，旅游转型迫在眉睫，全域旅游应运而生。全域旅游不同于传统的旅游形式，更加突出“旅游+”

模式，将旅游产业与工业、商业、农业等融合，各行各业齐头并进，实现“你中有我，我中有你”的格局，相互促进，共同发展。并且，全域旅游的提出也引起了旅游要素的变化。它基于旅游者的旅游需求，涵盖了更多的旅游活动，可以简单概括为“商、养、学、闲、情、奇”，也体现出当前的旅游正由“观光式”向“体验式”转型。

（3）全民参与，共建共享

虽然全域旅游是一种全新的旅游观念，但总离不开旅游活动的主体，即旅游者与旅游目的地居民。旅游者是旅游服务的对象，所有旅游活动都是为了满足旅游者的旅游需求，使旅游者获得完美的旅游体验，提高旅游者对于旅游景区的满意度，刺激旅游消费，促进经济发展。但是在全域旅游的建设中，还要重视旅游目的地居民的感受，因为他们才是旅游资源开发或者说是旅游地建设的主要受益者，也是旅游者直接接触的对象，能够直接影响旅游者的第一印象。所以，在全域旅游中，要将旅游者与旅游目的地居民融合起来，不仅让旅游者和当地居民直接享受到旅游服务，更要让他们参与到当地的旅游建设中，提高他们对该地区的责任感和归属感。只有这样，旅游者才能在短暂的旅游期内体验到当地的文化和生活方式。因此，要提高旅游目的地居民参与的程度，积极引导他们对旅游景区的发展建言献策，提高他们的主人翁意识，一同享受发展旅游带来的环境、经济等方面的益处，做到“人人都是旅游主体，处处都是旅游环境”。

2.1.2 旅游形象感知

2.1.2.1 旅游形象感知定义

感知（Perception）在《牛津词典》中的解释是，“the way you notice things，especially with the senses”，即察觉事物，尤其是通过感觉形成对事物的认知和意识的过程。中文对“感知”一词的理解一般分为感觉过程和知觉过程。感觉过程一般是指利用感官对事物的接触和反应，在这一过程中，一般包括对外部环境的认识和对外部环境存在关系信息的认识，也包括生物本身内部的生理状态和心理活动，属于对外部所有能够接触到的信息的处理，但同时也会受到心理作用的影响。知觉过程一般是对感觉过程所得到的信息进行有组织、有意识的处理，主要是对事物内在的认识。将感觉和知觉结合在一起，就形成了感知的概念。感知就是大脑对内外部环境的觉察、认识、感觉、知觉的一系列过程。

国内外对旅游形象的研究由来已久，但是长久以来，学术界对“旅游形象”的概念都不能统一。国外对旅游形象的定义多是基于“Image”一词：一般形象是指能够用生动的语言或文字表达出来的能够引起人们内心活动变化的具体可见的形态。在这一概念中，既有形成形象的外部环境的客体，包括外貌、形态等，还包括能够感知到这一状态或外貌的主体，即人。所以，形象即为主体感知到的对客体的印象。将此形象概念与旅游联系在一起，即旅游者在旅游过程中或是在旅游活动前对旅游地的旅游吸引物或者旅游产品和自身因素综合形成的总体认识。20 世纪 70 年代，国外学术界开始了对旅游目的地形象（Tourism Destination Image，TDI）的研究，1971 年，美国学者亨特在其博士论文中提到了旅游目的地形象的概念，此后，有学者就将旅游形象称为旅游目的地形象。中国学者最早开始对其研究是在 20 世纪 90 年代，1992 年，中国学者王克艰认为旅游形象就是旅游者对某一旅游接待国或地区总体旅游服务的看法或者评价。①

旅游形象感知就是指形象感知主体——旅游者对客体即旅游目的地的印象的总和，由于每一位旅游者的人生经历、受教育程度以及生活习惯的不同，每一位旅游者感知到的旅游目的地的形象也不尽相同，旅游

① 刘梦圆．基于网络文本分析的南京市旅游地形象感知研究［D］．南京：南京师范大学，2017.

目的地形象感知受多种因素的影响。[①] 保继刚（1996）研究指出旅游者的形象感知受感知距离和目的地的人文事象等因素的影响。[②] 格罗斯皮其（Grosspietsch）（2006）认为旅游形象感知是潜在旅游者和现实旅游者对旅游目的地整体印象和认识的总和。[③] 对国内外较有影响力的旅游感知形象的概念进行总结如表 2-2 所示。

表 2-2 旅游形象感知代表性概念统计表

发表时间（年）	作者	概念
1971	Hunt	人们对非居住地所持的印象，即外界作用于人脑而形成的意识流
1997	Lawson	个体组织对特定事物的认识、印象和情感的表达
1991	Fakeye、Crompton	潜在旅游者在众多旅游目的地形象中，根据自己的主观印象挑选出来的符合自身期望的印象
2003	Kim	随着时间的变化，旅游者累积形成的对某一目的地认知形象、信念、期望与感情的总和
1996	保继刚	人们在为一定的旅游动机而进行旅游活动决策时所搜集到的各种信息在个体中的集合反映
1999	李蕾蕾	旅游者对旅游地所持有的信息的处理过程及结果
2002	李巍 张树夫	所有旅游者（旅游者和潜在旅游者）对旅游目的地的地域性和主观感知评价的总和
2005	廖卫华	旅游者对旅游目的地内各要素的感知综合构成旅游形象，是旅游目的地在旅游者心中的集中反映，也是吸引旅游者形成旅游活动的重要因素
2011	叶生、 王东	旅游感知形象作为旅游主体对旅游地的体验感知和情感评价，较容易受到外部环境和人生经历的影响，其对同一旅游目的地的形象感知也会产生差异
2017	李春萍、 张简	把旅游者对游览地的客观认识和其自身个体文化背景相结合而形成的理性认识与感性认识的综合评价

① 程金龙．城市旅游形象感知的机理研究［J］．人文地理，2011，26（3）：142-146.

② 保继刚．旅游开发研究———原理．方法．实践［M］．北京：科学出版社，1996：183-185.

③ GROSSPIETSCH M. Perceived and Projected Images of Rwanda：Visitor and International Tour Operator Perspectives［J］. Tourism Management，2006，27（2）：225-234.

旅游目的地感知形象受多种因素影响，且由多种形象组合而成。巴罗格鲁（Baloglu）和麦克利里（McCleary）（1999）提出旅游目的地形象感知构成的三个维度，分别为：认知形象、情感形象和整体形象。[①]其中，认知形象是指旅游者对旅游目的地的外部环境（自然环境、公共服务设施建设等）的感知；情感形象是指旅游者在旅游活动过程中对所有的旅游体验的心理变化和描述；情感形象又包括四个维度，即四组对立的情感：唤醒—倦怠、愉快—不愉快、兴奋—沮丧、轻松—痛苦；[②] 整体形象是指对整体旅游活动的印象，包括对该旅游目的地的忠诚度。按照旅游形象感知主体的不同，马赞斯将旅游形象划分为本体形象、游客感知形象和媒介传播形象。我国学者李蕾蕾根据感知外界环境的主体的不同，创造出了旅游形象感知系统——“人—人”感知系统和“人—地”感知系统。“人—人”感知系统主要是旅游者对旅游目的地服务人员或当地居民的态度、服务水平等的感知；“人—地”感知系统则主要是旅游者对旅游目的地的外部环境，如山川流水、基础设施建设、交通情况等的感知。薛会娟从旅游形象感知的形成机制着手，将旅游形象感知分为本底感知、决策感知、实地感知和复合感知四种类型。

2.1.2.2 旅游感知形象的特性

由于形象的概念中包含感知主体和客体，且感知主体和客体都由于自身的因素各自具有复杂性，所以旅游感知形象的特征主要针对感知主体和客体的特征，主要包括以下三个方面。

（1）旅游感知形象的复杂性

通过对旅游感知形象相关文献的梳理，我们可以发现旅游感知形象

---

① BALOGLU S, McCleary K W. A Model of Destination Image Formation [J]. Annals of Tourism Research, 1999 (26): 868-897.

② BALOGLU S, BRINBERG D. Affective Image of Tourism Destination [J]. Journal Of Travel Research, 1997, 35 (4): 11-15.

就是旅游者对旅游目的地外部环境和人文社会环境的认知的总和，以及在旅游活动中的情感感知的变化。因此，旅游感知形象的复杂性主要体现在这两个方面：内容的丰富性和心理感受的多变性。

内容的丰富性主要针对旅游者对旅游目的地外部环境的感知，主要包含该目的地形象的物质表征和社会表征。物质表征主要包括该景点的设计和规划、整体旅游氛围的打造、休闲旅游活动的建设、园林绿化、交通条件、地理位置等。在所有的物质表征中，最为重要的因素是旅游产品的质量，旅游产品质量的高低直接影响着旅游者对该地的旅游形象的印象。社会表征主要是指当地的旅游人才质量、科技力量、经济收益、员工工作效率和福利待遇、公众关系是否和谐、管理水平的高低、政府出台的方针政策等。在社会表征中，最重要的因素是旅游地与公众关系的好坏。

心理感受的多变性主要是指旅游者在旅游活动中对旅游目的地的心理反馈。每一个旅游者都是独立的个体，有着不同的成长背景、价值观、观察事物的角度，都会从自己的特殊的角度来观察旅游地的旅游活动。如一般的旅游者多是从旅游地的景观、服务质量、旅游产品的角度产生旅游地感知形象，旅游工作者可能就会从景区的工作环境、员工的工作状态、福利待遇等方面来认识旅游目的地。这就导致了旅游者感知到的旅游地的形象不尽相同，也就造成了旅游感知形象心理感受的多变性。

（2）旅游感知形象的稳定性

旅游者在旅游活动中，一旦在心里认定对该地的印象，这种印象被大脑意识组织处理过后就会成为一种相对稳定的旅游感知形象。首先，这种相对稳定的旅游感知形象在旅游地同样相对稳定的物质表征中被体现出来，比如说该旅游地区的地理位置一般是稳定不变的，一个景区整体的设计和造型一般不会改变，那么，只要旅游地多种物质表征是稳定的，那么其所代表的旅游地外部形象也是稳定的，旅游者感知到的旅游形象同样也是稳定的。

其次，该种稳定性也体现在旅游者的心理机制上。首因效应，也就是我们常说的第一印象效应，大家都不陌生。在第一次交往中，人们通过对方的妆容、举止、谈吐等而产生的“第一形象”往往能对双方日后的交流产生重要的影响。若第一印象良好，那么就比较容易进行日后的交往；反之，双方的交流就会受到限制，且第一印象很难被改变。该效应应用到旅游感知形象中也是如此。形象的好坏直接影响到旅游地旅游业的发展。如果旅游者对旅游目的地的第一印象良好，那么，旅游者就会偏爱该地区，直接影响到该区域的经济效益。如果旅游者对旅游地的坏印象一旦形成，就会直接影响到该旅游地的形象传播。尤其是在互联网如此发达的今天，坏形象传播开来造成的影响是长久的。

（3）旅游感知形象的可塑性

旅游感知形象的稳定性是相对的。也就是说，尽管旅游感知形象一旦形成，在一段时间内不会改变，但是这并不意味着旅游感知形象就是一成不变的。旅游感知形象的改变过程更像是一个过程变量，旅游者只有在旅游过程中享受到优质的服务、特色的旅游产品、完备的硬件设施，并且日常接收到的都是正面的、积极向上的舆论信息，才能够改变原有的不好的形象，塑造新的形象。好的旅游形象就是该旅游目的地的口碑和品牌，经口口相传，吸引更多的旅游消费者。旅游目的地在塑造旅游形象时，要紧跟市场需求，以旅游者的偏好、感受和潮流为导向，创新旅游形象。

2.1.3 网络文本

2.1.3.1 网络文本的定义

21世纪是科学技术发展日新月异、生活方式发生巨大变化的时代。

互联网技术的发展，移动智能终端的逐渐普及，为人们的生活带来了极大的便利，人们在由互联网构成的虚拟世界中发表自己的看法，与在线网友或者网上社区内的朋友就某一事件交换观点，这就形成了大量的用户原创内容，或者说是网络文本。

所谓网络文本，就是指以互联网为载体和传输媒介，互联网用户在互联网虚拟世界中生产、传输、阅读、评论和发布的能够形成交流渠道的内容。[①] 网络文本具有多种题材和表现形式，已经成为印刷文本的新一代的可视化语言。

2.1.3.2 网络文本的特性

（1）资源形式数字化

网络文本主要是依靠计算机和网络硬件设备来实现。计算机作为一个硬件系统，人们若想操控它，就必须编写计算机能够“听懂”的指令和编码。我们都知道，最初计算机只能够听懂由数字“0”和“1”构成的二进制数。二进制是计算机语言的基础，这种语言被称作第一代计算机语言。后来计算机语言经过了更新换代和发展，变得更加简单方便，但是其本质还是按照一串串编制的程序代码指示工作。网络文本也是如此，以二进制代码为基础，通过网络协议和具有不同功能的计算机软件解码，最终以文本形式出现。

（2）表现形式多样化

网络文本由于其内容和创造方式的特殊性，造成了其具有多种多样的表现形式，包括日常性、随意性、娱乐性和真实性。[②] 一般网络文本具有三种不同的类型，分别为通过文字图片传播的网络文本、通过音频传播的网络文本和通过视频传播的网络文本。

---

① 刘菁菁．基于网络文本分析的韶山旅游形象感知研究［D］．湘潭：湘潭大学，2016.

② 朱梦，余昆鹏．网络文本特征研究［J］．新闻世界，2012（4）：96-97.

通过文字图片传播的网络文本，例如微信公众号发布的原创文章、电子商务服装等品牌的宣传文案。这类网络文本的语言直接、简单，一点一点地渗透进互联网用户的关注中。

通过音频传播的网络文本，如喜马拉雅电台等。由于声音形式的网络文本含有极其浓重的个人色彩，在网络平台中尤其能够吸引用户的关注和参与。因此，这类网络文本的日常性表达更强，且带有极强的情绪感染力，双方的交流程度也更加深入。

通过视频传播的网络文本，如抖音、爱奇艺、腾讯视频等在线应用平台。这类网络文本的产生方式更加开放，如用户可以将自己制作的原创视频发布到抖音平台上，凭借大众的偏好来决定该视频的转发量和浏览量。

(3) 创作主体社会化

互联网缩短了人与人之间的距离，也带来了更多的自由，人人都可以在网络上畅所欲言。而且，人们在进行日常的交流时创造出不同于现实世界的信息和文字，这类文字更具有娱乐性和开创性，如近年来十分流行的颜文字和表情包文化，十分受人们欢迎。

2.2 相关理论概述

2.2.1 认知—情感系统理论

20 世纪 70 年代，相关学者开始对旅游目的地形象的概念进行研究，构建了多种旅游形象感知的理论参考模型。盖恩（Gunn，1972）在研究之初构建了“原生—引致”模型，他认为旅游者对旅游目的地的形象感知不是一成不变的，而是一直处在对原始形象不断修正的过程中，提出旅游形象由原生信息、引致信息和修正引致形象构成。而且在不同旅游阶段（潜在旅游活动、无旅游需求以及完成旅游活动）的不同旅游者对同一旅游目的地的感知形象都不相同。[①] 斯特布勒（Stabler，1988）研究了影响旅游消费者感知目的地形象的因素，并将这些因素分为需求因素和供给因素，提出了“需求—供给”模型，其中需求因素主要包括旅游者个人的经历、社会经验、收入和旅游动机等，而供给因素则包括旅游景点的宣传营销以及通过各种媒体搜集到的关于旅游目的地的信息。[②] 1985 年，丹恩等人又推出了“推—引力”模型，即影响旅游者做出旅游决策的影响因子，他们认为推力因子就是旅游者的自身因素，一般包括旅游者自身可自由支配的时间和金钱、旅游需求等。但是，对旅游者出游影响更重要的因子为吸力，一般是指能够使旅游者做出该旅游决策的最具竞争力的优势，就是俗语说的“我有你没有”的特殊因子，如旅游目的地独特的旅游资源、文化价值等。

20 世纪 90 年代初期，高德纳（Gartner，1993）通过对前人文献的梳理总结，提出了“认知—情感—意欲”模型，认为旅游目的地形象由认知、情感、意欲这三个不同的但又相互联系的因素组成，其中认知部分是指旅游者自身内在接受的目的地的图片，情感部分则是指从旅游目的地中获得的内容，意欲部分则是在感知和情感评价后的行为或行动。高德纳构建的这一模型是迄今为止关于旅游形象研究的最全面的模型。1999 年，巴罗格鲁（Baloglu）和麦克利里（McCleary）对认知情感的个性系统理论进行拓展之后提出的“认知—情感”模型，对旅游目的地形象研究具有里程碑式的意义。

20 世纪 80 年代以来，在心理学研究领域，以社会认知理论命名的

---

① GUNN C A. Vacationscape-Designing Tourist Regions [M]. Austin, Texas: University of Texas, 1972.

② STABLER M J. The image of destination regions: theoretical and empirical aspects, in Goodall, B. and Ashworth, G (Editoers), Marketing in the Tourism Industry-the Promotion of Destination Regions [M]. London: Routledge, 1988: 133-159.

个性观点逐渐发展起来，并成为心理研究领域的热点问题。英国人格心理学家沃尔特·米歇尔（Walter Mischel）在该领域做出巨大的贡献。1968年，密歇尔出版了《个性及其评定》一书，确立了研究人类行为的社会认知取向。① 随后，米歇尔对该理论进行了更加深刻的研究。20世纪七八十年代，米歇尔以认知结构的个体差异为基础，提出了认知原型理论；1995年，提出了“认知—情感”的个性系统（CAPS）理论，对认知情境、个性偏好、产生动因以及个性结构的一致性进行了研究，重新平衡了社会认知论和特质论的矛盾。② 该理论认为，人们在生活中遇到的事件会与该系统中各类“认知—情感”单元产生联系，该“认知—情感”单元是指所有的心理状态由5部分组成，分别为编码、预期和信念、情感、目标和价值、能力和自我调节的计划。③ 该单元与事件产生相互作用后直接对人们最后所做出的决定产生影响。简单来说，就是指人们在正常的情况下，所接触到的首先是各项具体事物、接触对象的行为，然后才会产生相对应的情感。即接触、认知是产生感情的基础，情感是所有接触行为和认知的拓展和延伸。

1999年，巴罗格鲁和麦克利里对米歇尔的认知情感个性系统理论进行深入研究和拓展，提出了旅游目的地形象研究中的“认知—情感”模型，该模型指出旅游目的地形象感知由认知形象、情感形象以及复合形象三部分组成。认知形象是旅游者对旅游目的地属性的认识，而情感形象则是旅游者对在旅游目的地进行旅游活动时大脑意识对一系列要素的主观评价，这两种形象共同构成目的地的复合形象，这种复合形象可

① 于松梅，杨丽珠. 米歇尔认知情感的个性系统理论述评［J］. 心理科学进展，2003（2）：197-201.

② MISCHEL W，SHODA Y. A cognitive-affective system theory of personality：Reconceptualizing situations，dispositions，dynamics，and invariance in personality structure［J］. Psychological-Review，1995，102：246-268.

③ MISCHEL W. Instruction to Personality. Sixth edition［M］. Fort Worth：Harcourt Brace College Publishers，1999：417-423.

能是正面的，也可能是负面的。这一说法得到了很多学者的认同。就三者的关系来说，认知形象一般是从旅游目的地的旅游资源、设施建设、旅游氛围和环境、服务水平等方面来评判，是旅游感知形象的基础；情感一般分为积极情绪、消极情绪、中性情绪，并分别对应相应的评价形象——正面评价、负面评价和中性评价；复合形象就是认知形象和情感形象的相互作用，是旅游者在完成旅游活动后在心里对此次活动的评价和打分。在进行旅游感知形象测量的研究中，一般都要从这三方面进行评价，从而得出最为全面的形象研究。

在本书的研究中，以“感知—情感”理论为基础，以各大在线旅游平台的网络文本为数据，分别从认知形象、情感形象以及整体形象三个方面入手，对河南省全域旅游形象感知进行研究，并得出相应结论。

2.2.2 扎根理论

1964 年，美国哥伦比亚大学学者巴尼·格拉泽（Barney Glaser）和安塞姆·斯特劳斯（Anselm Strauss）开始对临终照护机构进行研究，并对该研究深入拓展，三年后，二人出版了 *The Discovery of Grounded Theory* 一书，该著作中首次出现了“扎根理论”一词。扎根理论最开始被应用于医学界，随后逐渐被广泛应用在心理学、社会科学等领域。① 它主要强调在对原始资料的分析研究的基础上直接构建理论，不同于一般的实证研究步骤，在实证研究开始之前，没有相关的理论假设和模型构建。扎根理论直接从经验资料入手，层层分析归纳，自下而上得出研究结论。该理论方法是一种科学严谨、相对比较成熟的质性研究方法。

该理论方法的形成主要与哲学和社会学这两大流派的核心思想有

① 韩雪，刘爱利．旅游感知的研究内容及测评方法［J］. 旅游学刊，2019，34（4）：106-118.

关。一是美国的实用主义，诞生于19世纪70年代，实用主义的特点就是从问题中寻找出办法，更加强调“行动”和“效果”的重要性，把一切都归结于“是否能够产生行动”；二是深受芝加哥社会学派的影响，顾名思义，该学派来自芝加哥大学，最早诞生于20世纪初，该学派整体上重视经验研究，并以解决实际社会问题为主要研究目标，在资料数据的搜集上主要以实地观察和访谈为主，呼吁以实际行动来理解社会变化和社会事务。

扎根理论的主要实质就是从资料中归纳建立不同于宏大理论和操作性假设的应用于特定研究问题和研究空间的“专用”理论，但并不是说扎根理论不能构建具有普适性的形式理论。形式理论的建构必须要在实质理论建设完成的基础上进行。因为扎根理论形成的理论是从大量的事实、经验和资料中得来的，经历了一定量的知识积累，且在知识和形式理论的中间，还有很多实质理论作为中介，共同构建出一个具有普适性质的形式理论。若中间没有实质理论作为基础和台阶，跳跃性就会太大，构建的形式理论可能会存在漏洞。

根据扎根理论研究问题时，要遵循扎根理论研究的一般思路。首先，扎根理论就是要在大量的原始资料中提升理论，对原始资料进行深入分析归纳，然后自下而上浓缩，逐步形成理论框架。并且形成的理论框架必须能够“溯源”，找到在原始资料中的证据。其次，在使用扎根理论时，要时刻对理论保持敏感。扎根理论的最终目的就是构建出理论，因此，在研究的全过程中，要始终对理论保持高敏感度。在搜集资料时，保持理论的敏感度能够时刻帮助我们寻找到更加有价值的文献和资料；在进行资料分析时，也能够帮助我们寻找到建筑理论的空隙，更好地找出自己挖掘的现有理论和前人理论的不足。再次，在进行研究时，要使用不断比较的方法进行分析，这是扎根理论最主要的分析思路。不仅要在概念之间，还要在理论之间进行比较，在完成理论的简单归纳后，还要将理论与原始资料进行比较验证，以确定理论归纳的正确性。又次，还要采取理论抽样的方法进行研究，在进行资料分析时，不应该只是对原始资料编码，还应该对初步生成的理论进行编码，将编码的理论作为下一步资料抽样的标准。最后，要灵活运用文献，既不能被前人的文献束缚了自己的思想，也不能完全不参照前人的理论，要把握好这个度。

基于扎根理论所进行的一般的操作程序称为三级编码法，分别为一级编码（开放式编码）、二级编码（主轴编码）以及三级编码（选择编码）。所谓开放式编码，首先要求研究人员秉持最为客观的态度，将大量原始资料中的重点信息提炼出来，其中主要的是能够进行描绘和研究的意象，或是具有实际意义的词汇。二级编码就是将开放式编码内容的相似性提取出来，并进行归并，建立归并指标的内在联系，即进行研究的指标要素，并将提取出的一级编码内容带入二级编码中。三级编码的主要内容是将二级编码的要素进行分类、总结，并形成研究的最主要的模型构建。

尽管经过多年的实验，扎根理论的研究方法已经相对成熟，但是，仍然有不足之处。在扎根理论的研究中，有多个编码过程，且每个编码都需要研究人员进行人工编码，在这一步骤中，由于人类情感的复杂性，很难保证所有的研究人员都能够完全投入到研究中，且有时研究人员个人原因所造成的情绪也会对研究产生影响，很难排除研究人员的主观因素对研究结果造成的偏差。其次，进行质性研究所面对的资料数量都是庞大的，在研究之前对数据的整理和归纳就是一个庞杂的工作，会耗费研究人员大量的时间，因此时间成本也需要考虑进去。

2.2.3 认知心理学理论

自 20 世纪 50 年代起，认知心理学在西方成为新兴的研究方向。

1958年，唐纳德·布罗德出版了一部名为《知觉与传播》的著作，该著作被公认为给认知心理学研究打下了重要的基础。一直到1967年，乌尔里克·尼瑟（Ulrich Neisser）的著作《认知心理学》出版才被认为是认知心理学诞生的标志。此后，认知心理学发展迅速，逐渐成为西方心理学的主要流派。该门科学主要是对认知和行为以及认知行为背后的一系列意识状态进行研究，主要研究方向有记忆、感知、知识表征等方面。20世纪50年代到70年代，对认知心理学的研究体现了信息加工观点，即将感觉到的认知信息传输到大脑神经系统，对信息进行进一步的加工和处理，该种信息处理方式与电脑的使用原理相似，因此，1960—1970年，认知心理学的研究加入了人工智能因素，加大了认知心理学研究的深度和广度。同时，在认知心理学的研究中，还十分重视观点的综合，将其他普通心理学的知识领域结合进来，多维度研究认知行为的关系，并将其扩展到了社会心理学、生理心理学等多个领域，让认知心理学变成了一个跨学科、多领域的研究科学。

认知心理学的代表人物主要是美国心理学家扭厄尔（Alan Newell）以及美国人工智能创始人之一西蒙（Herbert Alexander Simon），他们研究出的认知心理学的主要观点有以下几个方面。首先，是将人的大脑神经系统与电脑的信息加工处理系统相比较，他们认为人脑对认知的反馈主要是由四部分组成，分别为感受器、反应器、记忆和处理器。人脑中的感受器感知外界环境的信息，并将信息信号转换，再将转换后的信号经过一定的系统进行信息加工、辨别和比较，存储在人脑中形成对外界环境的长期记忆。反应器根据记忆系统中的特殊信号，对外界的环境做出反应。其次，认知心理学强调人脑中存储、累积的知识元素和记忆对人类当前的行为和当下的认识有决定作用。认知心理学理论认为，知觉反应决定了人们是否能够接触到外界环境，这一认知过程的成功完成需要依靠外界环境和接收主体自身的信息同时反应，那么，接收主体的信息就是人类头脑中原有的知识记忆。认知心理学理论还强调认知过程的完整性，他们认为，认知过程是一系列的循环反应，整体过程分别是定向—抽取特征—与记忆中的知识相比较等一系列过程，其中的任一过程都需要与其相联系的其他过程的配合。同时，还强调前后关系的重要性，包括语言材料的上下文关系以及人脑中的原有知识和当前知识的前后关系。最后，他们强调了认知心理学的产生式系统。所谓产生式系统，主要来源于数学和计算机科学，后来才被广泛应用于心理学。在一个产生式系统中，条件和活动都是相互对应的，但条件是笼统性质的，即同一个条件可以产生一系列的同一类活动。

认知心理学的出现和深入研究使得统治美国心理学研究、影响根深蒂固的行为主义产生了动摇，使得美国心理学家对对象和方法这一基本问题的看法发生了改变，它被称为美国心理学发展史上的科学革命。在心理学的研究中，美国实用主义一向主张只能对外在的、能够被观察的行为进行研究，而忽视了人们内心的心理变化过程；认知心理学则更加重视人类内心认知的变化过程。在研究方法上，二者也完全不同。行为主义强调实验室研究，重视一切客观的实验数据，完全不考虑主观经验因素的影响，是一种完全理性的研究；而认知心理学的研究则是实验室研究和主观经验研究二者并重，将主观经验与科学数据相结合，使得研究结果更加可信、全面。

本书对河南省全域旅游形象感知进行研究，就感知的过程来说，首先，旅游者接触旅游目的地的环境，将这一感受传回大脑系统，对这一信息进行处理加工并评价，正是认知的全过程。因此，本书以认知心理学理论为基础。其次，不同的旅游者对旅游形象的感知都不尽相同，正与认知心理学理论中“人脑中存储的累积的知识元素和记忆对人类当前的行为和当下的认识有决定作用”相符，使得本书的理论建构更加扎实、稳固。

2.2.4 旅游业 CIS 理论

20 世纪 50 年代，美国 IBM 公司（国际商用机器公司）总裁小托马斯·沃森坚信："每个人都是独立的个体，都有自己的人格，也都有各自的处世哲学和世界观，并形成各自独特的行为模式。"于是，他请世界著名设计师为 IBM 公司设计了一个完全符合其公司经营理念的时尚、前卫、独一无二的"IBM"标志，并据此设计出了一系列企业文化产品，包括统一字体、颜色的员工制服、内部装饰等。这一系列产品一经推出，就受到广大客户的强烈好评，IBM 公司独特的企业形象也迅速崛起，逐渐成为世界顶级的电脑公司。这就是"个性识别"，塑造出独特企业形象的重要性。企业形象识别系统日益成为企业顺应时代要求、占领市场份额的关键。

企业形象识别系统即英文 Corporate Identity System 的缩写，是指企业为形成并彰显独特的企业形象，将其经营理念与经营行为以及视觉形象要素等结合起来，进行统一规划和设计的一种独一无二的综合识别体系。① 企业形象识别系统包括三个子系统，分别是理念识别 MI（Mind Identity）、行为识别 BI（Behavior Identity）以及视觉识别 VI（Visual Identity）。所谓理念识别，就是指企业文化的类别，是能够激励员工的内在精神形象，是一个企业的精神支柱。它包括企业精神、目标、经营理念、企业标语以及座右铭等。行为识别则是指在理念识别的基础上，与之相对应的外在表现，如企业规章制度、员工工作方式、企业宣传营销、企业社会责任和文化性活动等，它是企业的动态行为表现。视觉识别则是指企业内部的表现形式，也是基本的设计要素，如企业名称、Logo、颜色、宣发标语，还有企业内部的装修、标语，统一的员工服

① 李光耀. 基于 CIS 理论的城市景观形象特色营造研究［D］. 南京：南京林业大学，2015.

饰、产品包装等，都是企业的内在静态表现。

CIS 的三个子系统之间相辅相成，缺一不可。如果将企业形象识别系统比作人体，那么理念识别就是人的思想和灵魂，引领着这个人的人生道路；行为识别就像是人的行为和表现方式，向外界表现自己的内在；视觉识别则更像是人的精神风貌和标准化的穿着衣饰。理念识别是 CIS 的思想和灵魂，是行为识别和视觉识别的基础和依据，行为识别和视觉识别则分别是理念识别的动态和静态表现方式。

CIS 理论有明显的特征，首先是规范性。在企业形象设计之初，就要求其在理念形象的设计上的规范性，这样才能够保证整个 CIS 系统的贯彻执行行之有效。CIS 的三个子系统之间相互渗透，相互对应，如理念识别系统的核心就被映照在行为识别的规章制度和员工行为中，也被体现在视觉识别中的员工服饰、标语以及企业的标志中。若是在设计之初就没有规范性，那么会在之后的执行阶段被执行操作人员误解，导致企业形象传播的错位。其次，就是差异性。对差异性的感知要以客户的角度来进行。差异性不仅仅体现在文字、标语等外在表现形式上，还更深层次地体现在不同类别的产品和服务之间，甚至是同类产品之间。再次，是 CIS 系统的传递性。传递性能将企业的形象传播到社会、市场和广大用户中，还能够与经营者的经营战略相呼应，形成企业、社会之间的良性互动。最后，是 CIS 系统的相对稳定性。用户对企业形象的识别和认可需要长期的双向互动，用户只有经过高频率、反复性的刺激才会有深刻的印象。所以，一般来说，一旦企业的形象识别系统建设完成，在短时间内不会轻易调整和改变，也因此，企业形象识别系统在一定时间或一定区域内都有相对稳定性。

20 世纪 90 年代，国内相关学者将企业形象识别系统引用到旅游形象的相关研究中，主要是旅游形象策划方面，包括旅游企业和旅游环境形象的策划。根据 CIS 导入理论，旅游形象的策划首先要求理念统一，即旅游企业的经营理念与经营战略要统一，成为旅游企业经营的灵魂。其次，是行为的统一，即在理念识别的基础上，旅游企业员工的行为和思想要整体化、规范化和协调化。最后，是标志统一，是指在前二者都统一的基础上，要完成旅游企业内部视觉信息的统一。视觉信息的统一含有的项目更具体，也更繁杂，但也是最容易呈现给客户的一部分。

本书主要是对旅游形象感知的研究，而对旅游形象策划、设计方面的研究更是借鉴了 CIS 理论，可以说 CIS 理论丰富了旅游形象的研究内容，使得旅游形象的研究更加全面和深入。

2.2.5 可持续发展理论

20 世纪中叶，随着经济水平的不断增长，城市化进程不断加速，人口急剧增长，这些现象为环境带来了极大的压力。1962 年，美国一名女生物学家莱切尔·卡逊（Rachel Carson）出版了一部引起世界轰动的著作——《寂静的春天》，书中主要讲的是在农药、工业废料等污染严重的情况下，人们的生活可能会出现的场景，并呼吁人们要重视环境保护，否则将会失去“生机盎然的春天”。此书一经出版，就引起人们关于发展理念的思考。

1972 年，继《寂静的春天》之后，美国著名学者芭芭拉·沃德和雷内·杜博斯的著作《只有一个地球》问世，将人类的发展和对环境的认识带入一个新境界。之后，罗马俱乐部以及联合国世界与环境发展委员会先后发表了《增长的极限》（The Limits to Growth）以及《我们共同的未来》，明确提出了“持续的增长”与“合理、持久、均衡发展”的新概念，并正式提出了可持续发展的理念。

所谓可持续发展，就是指当前的环境和资源“既能满足当代人的需要，又不危及后代人，满足其发展能力的需要”。此概念一经提出，在世界范围内引起极大反响。1992 年，联合国环境与发展大会召开，该发展理念得到所有与会者的认可和欢迎。

可持续发展的理论源于环境保护，从环境与资源的角度出发，提出人与自然和谐发展的相处模式。其关键在于人与自然、人与社会的和谐发展和共同进步。可持续发展由三个方面组成，分别为人类需要、资源的使用限制以及公平，包括了生态、经济和社会可持续发展三层含义，公平性、持续性以及共同性为其三大基本原则，该理论的最终目的是实现共同、协调、公平、高效、多维的发展。这表明可持续发展虽然缘起于环境保护问题，但作为一个指导人类走向 21 世纪的发展理论，它已经超越了单纯的环境保护范畴，将环境问题与发展问题有机地结合起来，成为有关社会经济发展的全面性战略。

若想实现可持续发展的目标，必须要有相对应的能力水平。科技水平的进步、教育的改革发展以及法制的完善支撑了可持续发展战略体系的构建。对于一个国家来说，需要国家政府、人民等通力合作，借助科技、管理、决策、教育、法制等手段，实现可持续发展的目标。

可持续发展的基础理论包括生态学理论、人口承载力理论、人地系统理论等。人类的经济发展与生态学关系紧密，符合生态学三大原理——高效、和谐以及自我调节。高效原理指的是能源和废弃物的高效利用和循环生产；和谐原理是指系统中的各大要素和谐共生，共同进步；自我调节原理则是指系统内部各个要素的自我升级完善的过程，而不是遭到外界胁迫进而被动发展。人口承载力理论的产生，则是由于地球生态系统、自然资源和环境条件有限，不能够承受无限制的人口增长，因此，其本身的承载力就会有一个阈值。一旦超过该阈值，就会直接影响到人类的生存环境，造成不可估量的后果，该理论成果的发表被称为 20 世纪人类最重要的三大发现之一。人地系统理论表明了人类社会和地球系统的关系，人类社会由地球系统产生，是地球系统中一个重要的子系统，同时，它又与其他地球子系统相互联系、相互制约。地球系统是一个复杂的生态系统，它含有不同的圈层，各个圈层分别对应不同的资源类型和功能。如地球含有大气圈、水圈、岩石圈以及生物圈，这几大圈层又分别对应了地球上的气候、水文海洋资源、土地矿产资源以及生物资源。人类社会的一切活动都受到以上各种资源的影响，地球系统是人们生存、活动的物质保障和前提基础。

旅游业的可持续发展理论可以理解为旅游发展与社会经济、生态环境的和谐、持久发展。即不仅要满足旅游者和当地居民当前的生活、文化、精神的需要，从而使全球的生态体系、各国的民族文化、人们的生活质量保持完整性、多样性和有序性，还应考虑到环境承载力和发展的公平性，做到环境、社会和经济三效合一的可持续发展。① 可持续发展的基础理论都可以应用到旅游业的发展中来，如在进行旅游资源的规划与开发方面，要遵循生态学理论，对旅游资源合理开发，既要发挥出旅游资源的作用，又不能对其破坏；人口承载力理论则被运用到了一些景区的游客观赏方面，一些景区通过对每日接待游客最大承载力的计算，严格控制进入景区参观游览的人数，确保景区获得最大的保护。

全域旅游发展的目标就是对我们的资源进行重新配置，从质量上提高、加快旅游业的发展，满足旅游者全方位的体验需求。全域旅游建设要求我们进行合理化的旅游资源配置，发展科学的、系统的旅游。全域旅游的发展理念中暗含了可持续发展的内涵，因此，本书以可持续发展作为基础理论，将旅游者全域旅游形象感知为切入点进行研究，从而指导全域旅游的建设。

---

① 杨丽君．龙门石窟智慧景区建设研究［D］．洛阳：河南科技大学．2017.

3

数据来源与研究设计

3.1 采集样本数据

3.1.1 确定数据来源

所谓游记，顾名思义，就是记述旅游者在游览过程中经历、感悟或者体会的文体。游记分为很多类，有些作者以叙事为主，为记叙性游记；有些作者以景观描写为主，为写景型游记；有些作者主要通过游记抒发感情，该类游记为抒情型。知识创新 2.0 时代的发展推动了“互联网+”新业态的融合，从大众旅游、智慧旅游到全域旅游的转变也使得旅游业态更加丰富和立体，旅游市场逐渐扩大，平台逐渐拓宽，因此生成了许多衍生物，而所谓网络游记，就是用户原创内容（User Generated Content，UGC）的一种。网络游记主要指明游记所依托的载体为网络。旅游者通过互联网在旅游电商平台、微博、微信等社交平台发布与旅游相关的景观描述、心得体会、经验分享等，其内容都可以作为获取对该旅游目的地感知形象的重要研究素材。

为获得更加真实的研究数据，以 Alexa 排名网站所提供数据为依据，Alexa 网站能够监控互联网用户在各大浏览器的访问量，并根据相关数据等对网站进行综合排名、到访量排名等多类别的评价指标信息。根据 Alexa 排名情况，截至 2020 年 8 月 10 日，中国十大在线旅游网站排名情况如表 3-1 所示。

表 3-1　中国十大旅游网站排行榜统计表

排名	网站	简介
1	携程旅行网	1999 年成立，总部设立在上海，是中国领先的旅游服务公司，其主要提供商务旅行服务，现亦十分重视休闲旅游服务，当前，占有全国在线旅游服务市场超过 50% 的份额，是国内市值最高的旅游服务公司。早先其主营业务以酒店、机票预订为主，后随着中国旅游市场的崛起和扩大，又发展旅游度假、商旅管理、美食预订、旅游资讯等业务。现已拥有超 5000 万个携程会员，建立了覆盖国内 60 多个主要城市的经营网络
2	马蜂窝	创立于 2006 年，区别于其他旅游电商平台，马蜂窝创立之初，只是想为旅游爱好者们提供可以交流分享的平台。2010 年，马蜂窝公司正式成立并开始运营，基于优质的 UGC、大数据以及自由行平台，马蜂窝为全球旅游爱好者提供专属定制服务和个性化信息。“实现每一个旅行梦想”和“只要有旅行者到达的地方，就有马蜂窝提供的服务”是马蜂窝的使命和愿景。自 2017 年以来，马蜂窝已累计拥有过亿的用户量，用户可以预订到全球超过 140 万家各级酒店和民宿
3	相约久久旅游网	该网站成立于 2002 年，向用户分享世界各地的景点信息，提供各大景区的门票、交通、旅游路线等信息，并提供虚拟旅游平台。网站受众群体较广，涵盖各个阶层、年龄。除此之外，网站用户还可以在广场以及个人空间发布旅游心得，分享感悟
4	去哪儿网	该网站 2005 年 2 月创立于北京，是中国领先的旅游搜索引擎，旅游者可以在去哪儿网对国内外的航班机票、度假酒店等服务产品进行在线比较，择优选择。2015 年 10 月，携程网宣布和去哪儿网合并，共同发展，合作双赢。截至 2019 年 3 月，该网站共建立全球 68 万条航线，与 580 多家航空公司、147 万家酒店、9000 家旅游代理商合作，涵盖 1 万余个旅游景点，为用户提供高品质、个性化的旅游服务
5	欣欣旅游网	该网站创立于 2009 年 2 月，总部设在福建省厦门市，是以信息技术创新为主要特点的全域旅游运营公司，为游客提供与旅游相关的全产业链服务。当前，该网站旗下以经营旅游信息化服务以及运营平台为主，拥有最多的旅游产品资源，并包含 130 万条国内外旅游路线以及近 70 万条服务信息。网站已成功邀请超过 13 万家旅行社会员、2 万家酒店入驻，每天约有近 300 万次的浏览量

续表

排名	网站	简介
6	穷游网	穷游网创立于2004年2月，总部设在北京，其主营业务是为用户提供出境游服务。在创立之初，其用户主要为欧洲华人和留学生，两年后，网站将经营范围拓宽至全球。网站中穷游社区以及穷游锦囊平台为穷游用户提供大量的原创旅游指南，还以旅游问答的形式为用户提供交流分享的平台
7	米胖网	米胖网成立于2006年3月，是独立于旅游服务提供商和旅游消费者的第三方旅游产品自助预订平台。旅游者通过网站与旅行社直接联系、预订产品，减少商品交易环节，为用户提供最优惠、最可靠的服务
8	博雅旅游网	区别于其他的旅游电子商务平台，博雅旅游网是一个旅游信息分享网站，该网站整理聚合来自网络以及网友分享的UGC内容，向用户提供国内外各个地市的景区信息。除此之外，该网站还设立景区热点、特别推荐、今日关注、热点人物以及各地特色板块，向旅游者介绍当地的著名人物、特色美食、风土人情等信息
9	驴妈妈旅游网	驴妈妈旅游网于2008年创办，总部设在上海，是一家综合性的旅游相关网站，也是中国首个推出景区门票自主预订的在线旅游代理商，主要预订与旅游相关的食、住、行、游、购、娱相关产品或服务
10	途牛旅游网	途牛旅游网于2006年10月创办，总部设立在南京，其主要核心优势和经营业务为预订旅游线路。途牛网首先将国内外所有的景区景点整合，并同旅行社合作，途牛网用户通过该网站了解各大景点信息以及旅行社提供的产品和服务，选择自己喜欢的产品及服务，直接在线预订，途牛网从中获取一定的佣金作为自己的收入来源。2019年12月，途牛旅游集团进入中国旅游集团20强。2020年，途牛网在美国纳斯达克上市

数据来源：top. chinaz. com。

综合分析上述在线旅游网站的排名、主要产品、网站规模、访问量以及实际搜索等情况，最终确定将网站排名第一和第二的携程旅行网和马蜂窝网站作为本书的数据来源网站。

3.1.2　搜集样本数据

由于本书的研究所需文本数据时间跨度长、样本量较大，故采用大数据采集软件——八爪鱼采集器以及人工筛选相结合的办法搜集网络文本。八爪鱼采集器是一款专门进行网页数据爬取、采集的软件，软件用户可以通过两种采集方式搜集自己所需的文本数据。一种是直接借助软件上已有的应用模板进行数据的爬取工作。已有的应用模板为使用者提供了极大的方便，减少了重新学习新技术的工作量和工作时间，使得用户可以全身心投入到科研或者主要工作中。软件应用模板全部免费，软件的设计和使用也十分方便和人性化。但是，用户的需求是多种多样的，八爪鱼采集器要根据每一位用户的需求设计出相应的算法模板，工作量太大，因此，八爪鱼的模板是根据市场上大多数用户的需求而设计的，可能无法满足小众群体的需求。

当用户的需求无法通过模板来满足时，他们就需要采用另一种方法来进行数据爬取和采集。这种方法需要用户自定义爬取，即需要用户在八爪鱼采集器上输入相应的网站，并设置一定的采集规则，摘取所需要的字段信息，八爪鱼采集器就可以在后台重复运行设置的规则，采集需要的信息。确定数据采集来源后，首先在携程网和马蜂窝的游记攻略界面的输入框中输入“河南省”进行检索，抽取“浏览量”“题目”“发表时间”“正文”等字段信息，八爪鱼采集器自动提取有关河南省的所有字段的文本信息，对采集到的数据按照相应的格式下载保存。用自定义的方法采集数据时，可以满足客户的不同需求，适用对象和适用范围都更加广泛。八爪鱼采集器界面如图 3-1 所示。

为保证数据的真实性、有效性以及研究的科学性，对软件爬取的所有文本数据进行人工筛选。首先，选取时间节点在 2018 年 10 月到 2020 年 5 月的游记作为本书研究的原始数据，其中，在马蜂窝网站共获得游记 269 篇，携程网上共获得游记 290 篇。其次，整体删除所有的空白链接以及游记内容为纯图片的景观分享。最后，对文本数据的详细内容按照一定的规则进行人工浏览和修正，具体规则如下：

（1）对游记中的非文字部分、错别字以及英文词汇进行处理。游记是旅游者记录旅游活动中的见闻、感想或者心理感受的一种文体，具有很大的随意性和主观性，在文字表达以及用词上并不十分严谨，且会

图 3-1　八爪鱼采集器界面

有中英文混用的情况，也会有旅游者直接用颜文字或者表情包表达自己当时的心情变化。但在进行科学研究时，这些表情包或者是颜文字，还有英文单词都不能被软件识别，影响研究结论。因此，在进行人工筛选时，首先将所有的颜文字、表情包以及英文单词用相应的文字代替。其次，由于大部分游记都较为口语化，且有些游客对景点的名字不熟悉，在撰写网络游记时，容易出现错别字，需要对错别字进行筛选、替换，如“遍”改成“篇”，“捡飘处”改为“检票处”。

（2）对游记内容进行筛选。首先，在线旅游网站作为一个开放的共享平台，旅游消费者和旅游服务供应商都能从中获得收益。旅游者撰写游记抒发心得体会评价旅游产品或服务，旅游服务供应商同样可以借助网站的浏览量，利用游记推广自己的产品。如汽车厂商在游记中着重介绍旗下某款汽车的性能；旅游相关部门邀请记者、新媒体公众号等具有一定号召力的群体进行景区采风、推广；旅行社也会借用游记的形式推广宣传相关的旅游线路等。对这些与感知形象研究无关的游记内容，直接作删除处理。其次，本书主要对河南省在进行全域旅游示范区建设后，旅游者所感知到的形象进行研究。因此，为使得研究结论更加严谨、科学，对描写河南省未加入国家全域旅游示范区创建名录的地区景点的游记也直接作删除处理。河南省国家全域旅游示范区创建单位名录如表 3-2 所示。

表 3-2 河南省国家全域旅游示范区创建单位名单统计表

省市	区（县）							
郑州市	巩义市	栾川县	嵩县	洛龙区	孟津县	林州市	修武县	南召县
济源市	博爱县	西峡县	新县	浉河区	汝州市	舞钢市	鲁山县	商城县
焦作市	淇县	辉县	魏都区	鄢陵县	灵宝市	卢氏县	民权县	

（3）游记字数、浏览量筛选。为了使研究结果更加可靠，在选择游记数据时，要求内容描写更加细致，且流传性要广。因此，在对游记内容筛选时，选择总字数大于 400 字且浏览量大于 3000 的游记，对不符合条件的游记直接作删除处理。

按照以上规则对八爪鱼采集器软件采集到的网络文本进行筛选后，携程旅行网由原来的 290 篇游记过滤到 90 篇游记，共计约 15 万字；马蜂窝网站的数据共从 269 篇筛选出 153 篇，共计约 32 万字。详细数据如表 3-3 所示。

表 3-3 文本数据统计表

序号	网站	游记篇数		字数
		过滤前	过滤后	
1	携程旅行网	290	90	146598
2	马蜂窝	269	153	322312
合计		559	243	469105

3.1.3 数据预处理

鉴于旅游者的文化水平、表达方式、风俗习惯的不同，对同一景点、同一物品的描述也不尽相同，因此，在使用 Rost Content Mining 6 文本处理软件进行语义网络分析与高频词汇分析之前，需要建立归并词群表、过滤词表以及自定义词群表等，对文本数据进行进一步处理。

（1）建立归并词表

旅游者在游记的表达中，由于语言习惯的差异，可能在称呼某一个景点或某一人名时，有些旅游者会采用其简称，而有些旅游者则习惯用全称来表示。不同的表达习惯就造成了游记中的同义词、相近词的词频分析不准确，因此，需要笔者手动添加归并词群表，将游记中意思相近的词语归并在一起，以保证数据的准确性。比如将"河南省""河南"统一替换成"河南"，"驾车""开车""自驾"等词汇统一替换成为"自驾"，将"青旅""青年旅社"统一替换成为"青年旅社"，将"晴天""晴日""晴朗""晴空"都替换成"晴天"等。

（2）建立过滤词表

为保证研究结论有足够的数据支撑，以及保证文本数据的完整性，一般采用广泛采集数据的形式。在具体的研究过程中，就需要对游记中具有实际意义的词汇进行分析。从词性上来分类，如形容词（好看、漂亮）、名词（山川、瀑布、牡丹花）、动词（拍照、爬山、推荐）等，而那些无特殊意义的虚词，比如代词（这里、那边）、副词（都、一齐）、介词（从、趁着、通过）、连词（和、又、与）、助词（似的、着、过）、叹词（呀、啊）以及拟声词（嘭嘭、轰隆）等，在研究中给研究者增加了许多工作量，且对研究结果无影响。因此，在进行具体分析前，要对游记内容进行初筛，建立过滤词表，将其溯源至游记中时，主要对这些词进行过滤，如"这里""我们""一天""一个""以上""于是""整个""每人"等。

（3）建立自定义词表

Rost Content Mining 6 软件本身就自带一部分常用词数据库作为常用

自定义词群表，避免在正式分词处理时将词汇分离开。但是，由于中华文化涵盖面广，且各个区域的语言习惯、特色也不尽相同，所以，自定义词群表涵盖的内容并不全面。因此，要想得到最精准的分词研究结果，在进行软件处理前，为避免将游记中独特的、不符合一般语言习惯的特有名词分开，如景区名称、饭店名称、道路名称、小吃名称等，需要补充建立符合本书研究目的的自定义词群表，如“白云山”“白马寺”“少林寺”“郭亮村”“青年旅社”“真不同饭店”“中州大道”“牡丹大道”“牡丹酥”“牡丹石”“陶湾镇”等。

3.2 建立指标体系

指标体系的构建是进行科学研究的关键。在建立指标体系时，一般有两种方法：第一种是梳理总结前人的研究成果，直接采用已有的指标体系，该种方法既方便又快捷，且已经被验证过，存在一定的科学性。但是仍然存在一定的缺点，如该种方法建立的指标体系不一定适合自己的研究。第二种构建指标模型的方法一般由研究者根据采集的数据以及研究目标自行构建，这种方法的适用性更强，对研究结果也更有针对性，但为保证研究结果的科学性，一般要进行多次检验。

本书在实证研究阶段，通过研究旅游者在相关网站上留下的关于河南省国家全域旅游示范区创建单位的相关游记，基于扎根理论，对游记内容具体化、科学化、概念化，一步步构建出理论框架。首先，对原始游记内容进行提炼和归纳，从句子中归纳出旅游者感知到的旅游景区的内容，进行初级编码。其次，对提炼出的内容进一步归纳总结，并借鉴前人的研究成果，构建次级分析类目，即主轴性编码（二级编码）的研究过程。最后，进一步对次级类目归纳总结，构建河南省全域旅游形象感知研究主分析类目，建立完整的分析体系，这一步骤即为扎根理论的选择性编码的过程（三级编码）。

在构建完整分析类目的过程中，最基础、最关键的步骤就是初级编码的过程，它决定了整个研究结果的准确性。由于此次研究所爬取的数据量巨大，仅靠人工识别、编码具有一定的难度，因此，在本次研究中，借助相关的质性分析软件，采用“机器+人工”的识别方式编码游记内容，既保证研究结果的真实性和有效性，又提高了研究的效率。

在构建分析类目这一研究步骤中，所引用的质性研究软件为“NVivo”质性分析软件。该软件是一款功能强大的质性分析软件，能够有效分析各种不同格式的源数据，如文稿、调查问卷、视频、音频等，对其分类、排序、整理和编码。NVivo 软件界面如图 3-2 所示。

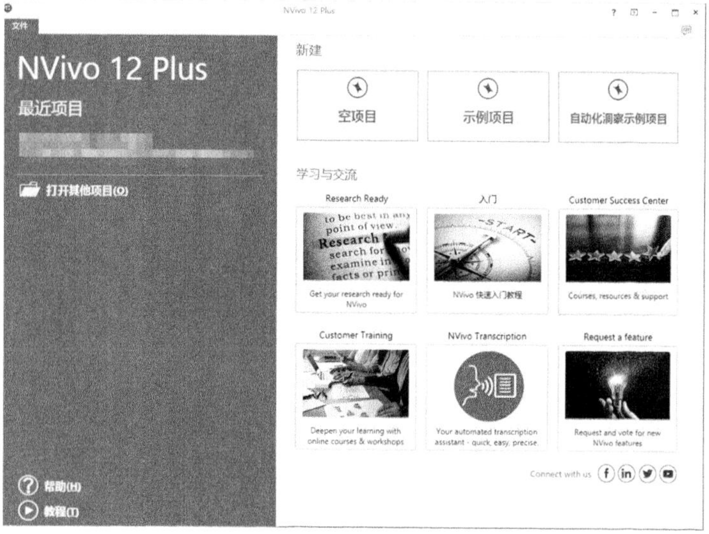

图 3-2　NVivo 软件界面图

3.2.1　初级编码

在对所有的网络文本数据进行进一步编码处理时，若要全部进行人工编码，则需要研究人员一句句通读所有的文本数据，并提炼出每一句话的中心词汇。引用 NVivo 软件后，借助软件对数据初筛，大大减少了工作量。

NVivo 软件在对网络文本进行初筛时，首先，会对含有某种元素的文本进行断句处理，该步骤所产生的结果称为“参考点”。其次，会将所有含有同一种元素的“参考点”归类，并将该类数据以共同元素命名，该步骤所产生的结果称为“节点”。具体操作步骤为：创建名称为“全域旅游形象感知”的新建项目，导入命名为“全域旅游形象感知-原始文件.TXT”格式的文件，点击工具栏中的“编码”，选择下拉项“自动编码”后，开始对原始文件自动编码，得出初步结果，共形成 26530 个参考点和 3416 项自动编码节点（如图 3-3 所示）。

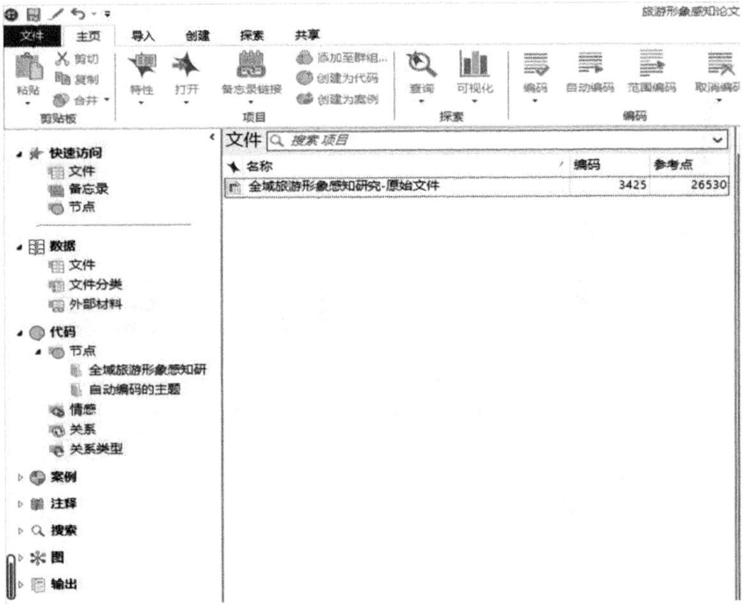

图 3-3　原始数据文本自动编码结果

由于软件在自动编码以及参考点分类时主要依靠其内部设置的程序和规则，无法满足研究需要，因此，仍需要对所有的“参考点”进行人工三级编码，以获得更加科学和贴近研究目的的研究结果，具体编码规则如表 3-4 所示。

表 3-4 参考点编码规则表

编号	参考点内容	自由编码
1	游览中发现这个地方太美啦，这里高山林立，峡谷万丈，山清水秀，瀑布成群，人称“中原小九寨”	高山、峡谷、瀑布
2	点了小份的牛大骨、嵩山野菜、牛肉面（量超大，一碗够两个人吃了）、大扎啤，味道都不错	量大、味道
3	老板人不错，很热情，会主动帮助游客，怎么去景区，在哪吃饭方便	热情、主动
4	谁能想到在山水景区里还有一个网红展，镜子屋里的体验特别奇妙，超级适合拍照，初入宝泉，各种项目玩嗨了	网红展、镜子屋、拍照
5	龙门石窟现在国内的旅游热持续不减，我还特别注意，避开“五一”小长假，但到了景区，仍然人流如潮，热闹异常	人流如潮、热闹
6	落地郑州已是近晚间的 21：00，取行李后联系租车公司，前往机场 4 层的 4 号门等待接送车，上车后前往租车点取车，手续简便，5 分钟搞定	租车、简便
7	住进去确实也不错，旅舍有两只可爱的猫，老板和店员都很好！再有就是交通还挺方便的，门口 10 米处就是公交站，到洛阳各个景点基本都有直达公车，不用转车，老方便了	不错、旅舍、好、交通、方便
8	大小山峦尽收眼底，低头往下看则感壁立千仞，危崖幽谷，郁郁葱葱	山峦、壁立千仞、郁郁葱葱

数据来源：整理所得。

3.2.2 建立分析类目

在完成文本数据的初级编码后，就进入质性分析的关键环节——建立分析类目，这是质性研究的基础和保障。建立分析类目，首先，要梳理总结一级编码之后的结果，并提炼结果中的共同要素，成为次级分析类目。其次，对次级分析类目进行总结，提炼共同要素，建立主分析类目。完备的分析类目应该遵循两个原则：第一，分析类目之间必须互斥，不能重叠；第二，分析类目之间必须逐级展开，不能出现层级交叉和越级的情况。

在建立分析类目的过程中，为保证分析类目的准确性和科学性，首先，要阅读大量的相关文献，梳理参考已有的分析类目体系。其次，仍然要结合研究数据和研究目的，实事求是，具体分析，使得分析类目更加具有针对性。本书以河南省国家全域旅游示范区创建单位为研究对象，爬取相关网络游记，基于“认知—情感”系统理论，结合沈啸、崔会平等建立的分析量表和文本数据的实际情况，① 借助 NVivo 质性分析软件，从下至上地构建河南省全域旅游形象感知分析类目，具体划分如图 3-4 所示。

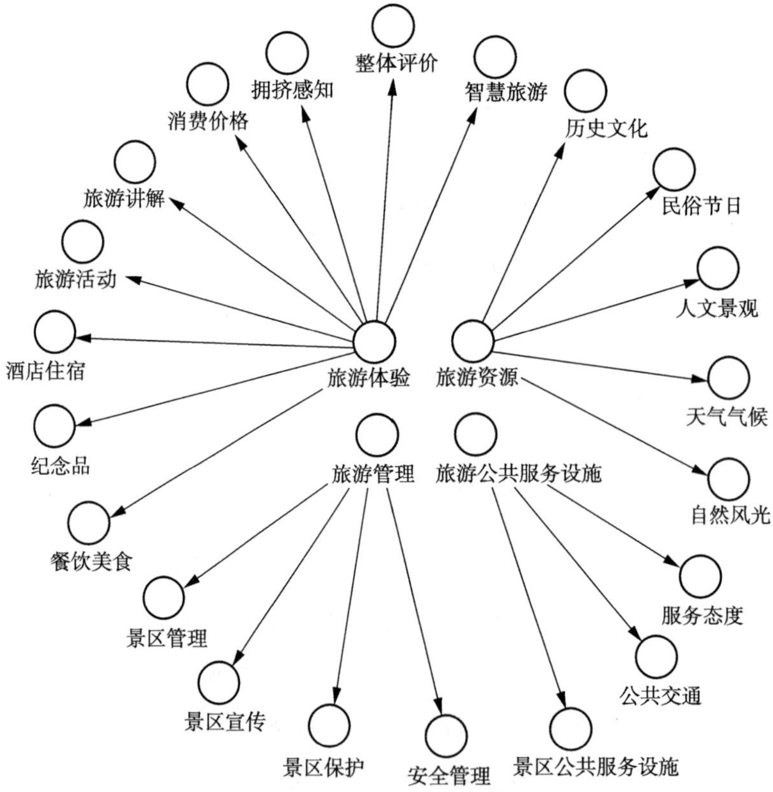

图 3-4　河南省全域旅游形象感知分析项目图

数据来源：根据分析软件整理所得。

① 沈啸，崔会平，张建国．基于网络文本分析的杭州超山梅花节旅游形象感知研究［J］．林业与生态科学，2019，34（1）：58-64.

根据以上规则进行扎根理论三级编码后，结合人工审查结果及NVivo软件自动编码结果，删除重复参考点，合并同类编码节点，最后共统计得出二级编码21项，三级编码4项，共同构成河南省全域旅游形象感知研究指标体系，具体分类如表3-5所示。其中，4项主分析类目（选择编码）分别是“旅游体验”“旅游资源”“旅游管理”“旅游公共服务设施”，21项次级分析类目（主轴编码）分别为“自然风光”“人文景观”“餐饮美食”“酒店住宿”“景区公共服务设施”“公共交通”“安全管理”等。

表3-5 河南省全域旅游感知形象指标体系

主分析类目	次级分析类目	主分析类目	次级分析类目	
旅游资源	历史文化	旅游体验	智慧旅游	酒店住宿
	民俗节日		拥挤感知	纪念品
	人文景观		消费价格	餐饮美食
	天气气候		旅游讲解	整体评价
	自然风光		旅游活动	
旅游管理	景区管理	旅游公共服务设施	景区公共服务设施	
	景区宣传		公共交通	
	景区保护		服务态度	
	安全管理			

4 河南省全域旅游形象感知分析

本书以河南省全域旅游示范区创建单位为研究对象，通过八爪鱼采集器爬取 2018—2020 年携程、马蜂窝网站上关于“河南省”的网络游记，并对原始数据进行一系列处理，随后，利用 Rost Content Mining 6、Netdraw 以及 Python 等软件对数据进行词频分析、情感分析，最终确定旅游者对河南省全域旅游建设的整体形象。

对使用八爪鱼采集器爬取的河南省国家全域旅游示范区创建单位游记进行预处理后，基于巴洛格鲁等学者在 1999 年提出的关于旅游目的地感知形象的“认知—情感”理论模型，开始对河南省全域旅游整体形象进行分析。按照“情感—分析”理论，首先，要进行河南省全域旅游示范区创建单位的全域旅游认知形象分析。在该步骤中，利用 Rost Content Mining 6 软件以及 Netdraw 软件从词频、语义网络等方面来进行分析。其次，要进行情感形象分析，在进行情感分析时，主要利用 Python 编程软件，通过编写相应的程序代码，并设置一定的计分规则，将旅游者的情感感知量化，分析旅游者对河南省全域旅游建设的情感评价。最后，综合认知形象和情感分析，确定河南省全域旅游整体形象。

4.1　河南省基本情况介绍

河南省地处中国中东部，黄河中下游，由于大部分地区位于黄河以南，因此被称为河南。远古时期，黄河中下游地区自然条件较好，河流纵横，山林茂盛，野象众多，且早在4000多年以前，大禹治水后将当时的天下划分为冀、兖、徐、青、扬、荆、豫、雍、梁九州，而河南省正好位于古豫州，所以，河南简称为“豫”，又被称为中原、中州、豫州等。河南省地理位置便利，陆空交通发达，八方长驱，是我国重要的交通枢纽和流通中心。河南省人口众多，劳动力资源丰富，含有巨大的消费潜力和能量，是我国的农业大省和粮食转化加工大省。除此之外，河南省经济发展较快，地区生产总值稳居全国前五，具有较强的发展活力和势头。河南省历史文化厚重，源远流长，还是我国的经济、文化大省。

4.1.1　地理位置

河南省介于北纬31°23′—36°22′和东经110°21′—116°39′之间，东部与安徽省、山东省接壤，西部毗邻山西省，北部与河北省、山西省相接，南部与湖北省紧邻，全省总面积16.7万平方千米，地处中国内陆的中心地带。河南省地势地貌多样，整体呈西高东低之势，太行山、伏牛山、桐柏山分别从北部、西部和南部呈半环形合围。河南省地貌由平原、盆地、山地和丘陵构成，以平原和盆地为主。平原地区主要分布在中部和东部地区，为黄淮海冲积平原，而盆地则主要分布在西南部，为南阳盆地，平原和盆地面积之和占总面积的55.7%，山地面积占总面积的 26.6%，丘陵面积占总面积的 17.7%。①

河南省以秦岭、淮河为界，秦岭—淮河以南的约 30%的地区跨亚热带，秦岭—淮河以北，大约占全省 70%的地区地处暖温带，属北亚热带向暖温带过渡的大陆性季风性气候。另外，由于河南省独特的地理优势，还具有自东向西的由平原向丘陵山地气候过渡的特征，具备该种气候的地区具有明显的四季分明、雨热同期、复杂多样且气象灾害频繁的特点。河南省全年气候温和，年平均气温为 12.8℃～16.4℃。总体降水量南部多，北部少，夏季降雨丰沛，冬季降水较少，年平均降水量为 461.1～1144.2 毫米，年平均日照时数 1501.7～2253.3 小时，年平均无霜期 206.6～278.0 天，十分适宜发展农、林、牧、渔等产业。②

河南省是我国唯一跨长江、淮河、黄河、海河四大流域的省份，境内水文资源丰富，主要发源于我国西部、西北部和东南部山区，约有 1500 多条主干河流纵横交错，其中，流域面积在 100 平方千米以上的河流就有 560 条，流域面积在 1000 平方千米及以上河流 64 条，流域面积在 10000 平方千米及以上河流 11 条，全省年平均水资源量 403.53 亿立方米，人均水资源量约 370 立方米。河南省水力资源蕴藏量 490.5 万千瓦，可供开发量 315 万千瓦。河南是国家特大型水利重点工程——南水北调中线工程的核心水源地、主要受水地以及输水总干渠工程渠首所在地，自开通以来河南段常年平均受水量达 8.7 亿立方米。③

4.1.2 政区人口

河南省作为中华人民共和国省级行政区，省会为郑州市，总面积为

---

① 河南政府网 . 省情［EB/OL］. https://www.henan.gov.cn/2018/05-31/2408.html, 2020-05-22.

② 河南政府网 . 省情［EB/OL］. https://www.henan.gov.cn/2018/05-31/2408.html, 2020-05-22.

③ 河南政府人民政府 . 自然地理［EB/OL］. https://www.henan.gov.cn/jchn/zrdl/.

16.7万平方千米。截至2019年5月，河南辖郑州市、开封市、洛阳市、平顶山市等17个地级市，1个省直辖县级市，21个县级市，83个县，53个市辖区，1791个乡镇，660个街道办事处。2019年末全省总人口10952万人，比2018年末增加46万人。其中，常住人口9640万人，比2018年末增加35万人，其中城镇常住人口5129万人，常住人口城镇化率53.21%，比2018年末提高1.5%。全年出生人口120万人，出生率11.02‰；死亡人口75万人，死亡率6.84‰；人口自然增长率4.18‰。[①] 河南省少数民族人口约为145万人，占全省总人口的1.38%。其中，回族约124万人、蒙古族约9.15万人、满族约7.58万人。河南少数民族人口分布于全省158个县（市、区），呈大分散、小聚居的显著特征。[②]

作为我国人口、农业、经济大省，河南省GDP总量位居全国前五，中西部地区第一位。2019年全省生产总值54259.20亿元，比2018年增长7.0%，实现了7%~7.5%的年度预期目标，超过全国平均水平0.9%。其中，第一产业增加值4635.40亿元，增长2.3%；第二产业增加值23605.79亿元，增长7.5%；第三产业增加值26018.01亿元，增长7.4%。[③] 作为我国农业大省，河南省耕地面积在全国总耕地面积中排名第二，约有687.1万公顷。其中，约54%的耕地种植小麦，产量位居全国第一。除小麦外，玉米、薯类作物、水稻、大豆等都是河南盛产的粮食作物。除此之外，河南省还是我国主要的产棉区，棉花产量位居全国第二；最大的烟叶生产基地，烟叶总产量一直位居全国第一。

① 国家统计局．河南省2018年区划［EB/OL］. http：//www.stats.gov.cn/tjsj/tjbz/tjyqhdmhcxhfdm/2018/41.html. 2020-12-18.

② 百度百科．河南省［EB/OL］. https：//baike.baidu.com/item/%E6%B2%B3%E5%8D%97/132980? fromtitle=%E6%B2%B3%E5%8D%97%E7%9C%81&fromid=59474&fr=aladdin#reference-［23］-15762283-wrap. 2020-12-18.

③ 河南省人民政府．2019年全省经济运行总体平稳 稳中有进［EB/OL］. https：//www.henan.gov.cn/2020/01-21/1284324.html. 2020-12-18.

4.1.3 资源条件

凭借得天独厚的地理优势和气候条件，河南省自然资源和历史文化资源丰富。其中，自然资源包括动植物资源、矿产资源、林业资源、风景名胜等，历史文化资源则主要包括文化遗产、民俗节日以及著名人物等。

在自然资源方面，首先，河南省具有丰富的动植物资源。河南省存在已知动物物种 3500 多种，已知陆生脊椎野生动物 520 种，国家级重点保护野生动物 94 种。其中，原生动物 51 种，多孔动物和腔肠动物 6 种，扁形动物 10 种，线形动物 23 种，环节动物 10 种，软体动物 17 种，节肢动物 2500 余种，鱼类 110 种，两栖类 19 种，爬行类 37 种，鸟类 300 余种，哺乳类 72 种，大部分种类有重要经济价值，少部分对农、林业生产和人类健康有很大危害。河南省植物种类多种多样，且兼具南北种类。有维管植物 198 科、1142 属、3979 种，占全国维管植物的 10%，其中蕨类植物 29 科、70 属、205 种及变种，多裸子植物 10 科、28 属、74 种及变种，多被子植物 159 科、1044 属、3670 种及变种，包括国家级珍稀濒危保护植物 63 种，省级保护植物 64 种。① 现有省级以上森林公园 121 处，其中国家级森林公园 32 处。②

河南省地处暖温带，也是我国重要的矿产、矿业资源大省，矿业产值连续多年位居全国前 5 位。已发现 144 种矿种，开发利用 93 种。河南省优势矿产资源可简单概括为“四大金属矿产”和“八大

① 百度百科．河南省［EB/OL］. https：//baike. baidu. com/item/%E6%B2%B3%E5%8D%97/132980? fromtitle =% E6% B2% B3% E5% 8D% 97% E7% 9C% 81&fromid = 59474&fr = aladdin#5. 2020-12-19.

② 河南省人民政府．省情［EB/OL］. https：//www. henan. gov. cn/2018/05-31/2408. html, 2020-05-22.

非金属矿产”，“四大金属矿产”分别为钼、金、铝、银，“八大非金属矿产”分别为天然碱、盐矿、耐火黏土、萤石、珍珠岩、水泥灰岩、高铝三石、晶质石墨。在已探明储量的矿产资源中，资源储量居我国前10位的有70种，居前3位的有33种，居前5位的有46种，居全国首位的有10种。灵宝、栾川、桐柏、叶县先后被命名为“中国金城”“中国钼都”“中国天然碱之都”和“中国岩盐之都”。①

在林业资源方面，截至2017年，河南省共有营造林481.67千公顷，其中人工造林126.28千公顷。共有自然保护区30个，面积762千公顷，其中国家级自然保护区13个。森林覆盖率24.53%。② 除此之外，河南省水秀山明，重峦叠嶂，风光秀丽，具有多处重要的自然旅游资源。全省共有云台山、嵩山、王屋山—黛眉山、伏牛山等世界地质公园4个，黄河、嵖岈山等国家地质公园15个，永城芒砀山等省级地质公园14个，南阳独山玉、新乡凤凰山、焦作缝山国家矿山公园3个，南阳恐龙蛋化石群等国家级自然保护区13个，还有“山水奇观”嵩山、白云山、鸡公山、王屋山、“人工天河”红旗渠以及“地上悬河”黄河等。

除自然资源外，河南省历史悠久，是中华民族和华夏文明的重要发祥地。在上下五千年的文明史中，河南省作为中国的政治、文化、经济中心长达三千年，先后有20多个朝代在此地建都，前后共经历200多个皇帝在此治理朝事。中国八大古都中，河南省占据其四，分别为洛阳、开封、安阳和郑州。除此之外，河南省还是中国古代四大发明其三的发源地，分别为指南针、造纸术和火药。道教创始人老子

① 百度百科．河南省［EB/OL］. https：//baike. baidu. com/item/%E6%B2%B3%E5%8D%97/132980？fromtitle=%E6%B2%B3%E5%8D%97%E7%9C%81&fromid=59474&fr=aladdin#5. 2020-12-19.

② 百度百科．河南省［EB/OL］. https：//baike. baidu. com/item/%E6%B2%B3%E5%8D%97/132980？fromtitle=%E6%B2%B3%E5%8D%97%E7%9C%81&fromid=59474&fr=aladdin#5. 2020-12-19.

在老君山得道，被中外佛界誉为“释源”“祖庭”的白马寺坐落在河南省洛阳市。河南省更是中国功夫的发祥地，郑州登封少林寺的中国功夫名扬海外，让无数外国人盛赞。焦作温县陈家沟人陈王廷创立的太极拳，使焦作温县成为中国太极拳的发源地，如今更是被列入联合国教科文组织人类非物质文化遗产代表作名录。全省现有不可移动文物 65519 处，有 2 个项目被列入联合国教科文组织人类非遗代表作名录，113 个项目被列入国家级非遗名录。① 河南省作为旅游资源大省，截至 2019 年底，全省共有 A 级旅游景区 519 家，其中 AAAAA 级景区 14 家，AAAA 级景区 171 家，AAA 级景区 230 家。②

2015 年，原国家旅游局深入推进全域旅游战略实施，次年，又先后公布两批共 500 家国家全域旅游示范区创建单位，河南省共有 26 个市、县（区）位列其中。2016 年底国务院印发《中原城市群发展规划》，助推河南省经济建设。此后，河南省积极响应国家号召，高度重视第三产业发展，积极推动形成全覆盖、全渗透、全时空的全域旅游发展新格局。2017 年河南省公布《河南省建设中原城市群实施方案》和《河南省人民政府办公厅关于印发河南省“十三五”旅游产业发展规划的通知》，同时依托中国（河南）自由贸易试验区，打造郑汴洛全域旅游示范区。

4.2 河南省全域旅游认知形象分析

基于巴洛格鲁（Seyhmus Baloglu）等学者提出的“认知—情感”系

① 河南省文化和旅游厅．河南文化概况［EB/OL］．https：//www.henan.gov.cn/2018/05-31/2408.html，2020-03-17.

② 河南省文化和旅游厅．河南旅游概况［EB/OL］．https：//www.henan.gov.cn/2006/09-12/308421.html，2020-05-27.

统理论，在对河南省全域旅游形象感知进行深入研究时，首先对旅游者认知形象从词频、语义网络等角度进行分析，研究旅游者对河南省全域旅游的认知形象。

4.2.1 河南省全域旅游认知形象分析

（1）前 100 位词频分析

在进行词频分析时，通过提取并统计网络游记中相同词汇出现的频率，通过旅游者在游记中提及同一地点或词汇的次数，反映旅游者对该旅游目的地或者该旅游活动的感受。次数或频率越高，说明旅游者对其印象越深刻；反之，则说明该旅游目的地在全域旅游方面的建设应该加强，并且应该着重突出特色，以吸引旅游者的注意力。由于采集的网络游记数据庞大，仅使用人工识别、提取和统计词频，难度和复杂程度极大。因此，在该步骤的研究中，主要借助 Rost Content Mining 6 文本挖掘软件。在进行词频分析前，首先要对原始数据进行分词处理。依据研究目标，对所得文件进一步精确处理后，选取前 100 位的高频词汇进行分析（如表 4-1 所示）。

表 4-1 河南省全域旅游形象感知高频词汇统计表

排名	词汇	频数（次）	排名	词汇	频数（次）
1	洛阳	1565	10	白马寺	361
2	龙门石窟	640	11	嵩山	353
3	河南	624	12	建筑	338
4	郑州	619	13	公园	334
5	中国	594	14	历史	317
6	博物馆	568	15	小时	251
7	牡丹	565	16	峡谷	250
8	少林寺	521	17	世界	245
9	文化	361	18	旅游	235

续表

排名	词汇	频数（次）	排名	词汇	频数（次）
19	风景	235	47	艺术	143
20	照片	228	48	龙潭峡	142
21	云台山	227	49	佛像	137
22	门票	217	50	晚上	127
23	太行山	216	51	红旗渠	127
24	三皇寨	195	52	栈道	125
25	遗址	195	53	不同	124
26	路线	192	54	下午	123
27	游客	192	55	古代	122
28	公交	190	56	景观	118
29	酒店	186	57	红石峡	118
30	公里	185	58	隋唐	117
31	推荐	183	59	中岳庙	114
32	老君山	182	60	火车站	114
33	佛教	181	61	地质	112
34	广场	174	62	文物	112
35	大门	170	63	特色	112
36	索道	165	64	方便	111
37	瀑布	162	65	山上	110
38	喜欢	162	66	焦作	109
39	分钟	161	67	风景区	109
40	少林	161	68	花园	108
41	城市	156	69	拍照	108
42	交通	153	70	二七	107
43	自然	150	71	生活	106
44	中原	146	72	文明	103
45	行程	146	73	天下	102
46	黄河	146	74	朋友	101

续表

排名	词汇	频数（次）	排名	词汇	频数（次）
75	服务	101	88	古城	83
76	天堂	100	89	书院	82
77	机场	100	90	传说	82
78	天气	96	91	西山	82
79	唐代	95	92	玻璃	81
80	香山	95	93	牛肉	79
81	古都	94	94	地铁	78
82	住宿	93	95	山水	77
83	免费	90	96	美食	75
84	品种	87	97	孩子	74
85	森林	87	98	白云山	74
86	不错	85	99	价格	73
87	停车场	85	100	高速	73

数据来源：作者整理所得。

从词性上对前100位高频词汇进行分类，发现共有名词91个、形容词5个、动词4个。名词占比最大，超过全部词汇的90%，且多存在于旅游资源和旅游体验这两大分析类目，能够最大限度地表现出旅游者对河南省全域旅游建设中印象最深的景点。具体分析如下：

首先，在91个名词中，主要分为以下几类：第一类是景区景点名称或地市名称，如龙门石窟、少林寺、白马寺、老君山、洛阳、郑州、黄河、中原等；第二类是旅游公共交通，比如交通、公交、火车站、高速、停车场、地铁、机场、行程等；第三类是餐饮、住宿等在旅游活动中的体验类设施，如美食、牛肉、酒店等。在91个名词词汇中，排在前五位的分别为“洛阳”“龙门石窟”“河南”“郑州”和“中国”，洛阳及其景区景点在河南省全域旅游建设中分别排名第一、第二，足以说明在河南省众多的国家全域旅游示范区创建单位中，洛阳的旅游资源和全域旅游建设给旅游者留有最深的印象。除此之外，在名词中，排在前列的还有“博物馆”“牡丹”“少林寺”“文化”和“白马寺”，说明河南省的历史文化、牡丹文化和武术文化对旅游者极具吸引力，且各种文化渊源极得旅游者认同。

其次，就形容词来分析，高频词汇中5个形容词，分别是“喜欢”“不同”“免费”“方便”“不错”，“喜欢”“不错”均为旅游者在旅游活动中的真实感受，说明旅游者享受旅游过程，对河南省整体旅游情况评价较高；而“免费”“方便”“不同”则主要是形容旅游者对河南省旅游活动或旅游景点的评价，说明河南省旅游景点或者旅游活动具有地域特色，受到旅游者青睐，且十分方便。具体将词汇追溯至原网络文本中，旅游者一般这样形容，“再经过一个破旧小型的遥参亭后便是天中阁城楼，这应该就是真正的大门。城楼是明朝嘉靖重修的，古朴大气却不花哨，暗合道家无为思想，一看就让我喜欢”“主佛整体造型与宾阳北洞、南洞中唐代雕刻的主佛浑圆造型完全不同，体现出一种秀气典雅的气质。主佛背光大，直达窟顶，样式为舟形火焰纹，火焰还留有往昔的红色，有熊熊火焰之势”“凌晨四五点的样子，那座庙竟也有免费的素食食用。走走停停一路，只是互相有笑容”“从洛阳到栾川，最方便的就是在洛阳锦远汽车站旁边的发往栾川的专线车站坐车。洛阳火车站、锦远汽车站、洛阳汽车站、栾川专线车站都在一个非常小的范围内，肉眼所见”“住宿条件不错，一晚一两百元的样子，还能免费停车”。

最后，就动词来研究，4个动词词汇分别是“推荐”“拍照”“服务”和“住宿”。其中，“推荐”说明了旅游者在旅游活动中的整体感受和重游意愿，“拍照”则表示旅游者在旅游过程中主要的旅游活动，“服务”和“住宿”则说明了旅游者在旅游活动中较为重视服务质量和住宿条件。在原网络游记中，旅游者分别这样描述：“郭亮是云台山包车的车主推荐的，这样的好处是客栈老板可以到景区门口接，把我拉到挂壁公路的入口后，他带着行李去客栈，我就开始游玩，节省了找住处放行李等的时间”“体力不济的时候，停下来拍拍照片，享受一下大自然的美”“而到达酒店后，酒店的星级服务也给人一种非常舒服的感觉，这也是整个行程下来给人印象最好的一个城市”“这个家庭旅馆地方很宽敞，四层小楼，还有小院。住宿很便宜，一晚上 90 块钱”。

综合前 100 位高频词汇的词性分析，可以得出：旅游者对河南省的旅游资源较为认同，对河南省全域旅游建设评价整体较好；在旅游活动方面，旅游者仍然以观光、赏景为主，其次则是拍照，旅游活动较为贫乏。

从词频角度分析，通过频数的高低差异，可明显得出河南省各地全域旅游建设给旅游者留下的印象是否深刻，借此来简要分析旅游者感知到的河南省全域旅游形象。前 100 位高频词汇中，排在前 5 位的分别为“洛阳”“龙门石窟”“河南”“郑州”和“中国”，均为地点和景点名称。其中，旅游者对河南省全域旅游形象感知最深的是“洛阳”，频数为 1565 次，位居第一。“龙门石窟”位居第二，频数为 640 次。虽然排名第一的“洛阳”与第二的“龙门石窟”频次呈断崖式下降，但是从从属关系来分析，龙门石窟景区是洛阳市 AAAAA 级旅游景区之一，从中可以看出，前 100 位高频词汇中，前两项都与“洛阳”相关，洛阳市已经成为旅游者心中的“旅游城市”，并且是河南省的旅游品牌。作为本次全域旅游形象感知主体的“河南”则位居第三，频数为 624 次，排在第四位和第五位的为“郑州”和“中国”，频数分别为 619 次和 594 次。旅游者对“郑州”的感知仅次于河南，将其深入分析，主要有以下几个原因：一是郑州独特的省会优势，提到河南省，首先想到的城市就是省会郑州。二是郑州作为全国交通枢纽，具有得天独厚的地理优势，在旅游者规划旅游线路时，郑州经常被作为旅游活动的中转站或者是乘坐交通工具的起始站或者终点站。三是郑州的整体旅游规划和标志景点，郑州二七大罢工纪念塔、德化步行商业街等景点在游记中被提及次数较多，另外，郑州传统美食烩面等也多次在游记中出现。“中国”一词在前100位高频词汇中排名第五，旅游者在游记中提到最多的是河南省在中国的历史文化优势。

在第六到第二十位的高频词汇中，多为河南省较为著名的人文景区景点，如“少林寺”“白马寺”，分别排在第八位、第十位。嵩山少林寺作为我国佛教禅宗祖庭和中国功夫的发源地，2010年8月被联合国教科文组织列为世界文化遗产。白马寺被称为“释源”“祖庭”，在中国乃至世界的佛教历史上都有独特的地位，代表了河南省灿烂悠久的佛教文化和武术文化。此外，“博物馆”“建筑”“公园”等人文景点的频数也较多，分别排在第六位、第十二位和第十三位。据不完全统计，洛阳市现有博物馆（含各类纪念馆）68座，是全国拥有博物馆数量最多的城市，被称为“东方博物馆之都”。“文化”“历史”二词分别排在第九位和第十四位，频数分别为361次和317次，同样说明旅游者对河南省的历史文化形象感知最为深刻。

在前100个高频词汇中，表示河南省自然旅游资源的有三个，分别为“牡丹”“嵩山”和“峡谷”，排在第七位、第十一位和第十六位。河南洛阳作为牡丹之乡，北宋欧阳修在其散文《洛阳牡丹记》中这样描写，“牡丹出丹州、延州，东出青州，南亦出越州。而出洛阳者，今为天下第一”，洛阳牡丹由此享誉世界。每年牡丹花开时节，洛阳市举办牡丹花会，引得无数人竞相观赏。“小时”排在第十五位，频数为251次，在游记中主要体现在交通和游览时间上，说明旅游者对旅游时间的把控比较严格。“旅游”和“风景”分别排在第十八、第十九位，说明旅游者在旅游活动中对河南省的风景感触较深。排在第二十位的词汇为“照片”，频数为228次。这一词汇在游记中主要有两层含义：一是说明旅游者在旅游目的地的选择上，一般将在网上浏览的相关景区景点照片作为选择依据；二是说明旅游者在旅游过程中进行的主要旅游活动为拍照。

为更加直观地表现出旅游者感知到的河南省全域旅游形象，将以上研究结果以另一种形式——词云图表示出来（如图 4-1 所示）。

图 4-1 河南省全域旅游前 100 位高频词汇词云图

数据来源：借助微词云网站整理所得。

旅游者在游记中提及的词汇频率越高，该词汇在词云图中的字号就越大；反之，字号就越小，使得分析结果更加直观和清晰。

从图 4-1 中，我们可以直观地看出“洛阳”在整个词云图中的核心位置，说明在河南省 26 个国家全域旅游示范区创建名录的旅游建设中，洛阳市全域旅游建设整体表现较好，更受旅游者欢迎。在众多旅游资源中，洛阳市的历史文化资源和自然旅游资源也颇受旅游者喜爱。在词云图中，除“洛阳”一词外，“龙门石窟”“牡丹”在整体位置中也较为明显，两者都是洛阳市十分出名的旅游景点和特色产物。除此之外，在词云图中较为明显的关于洛阳的词汇还有“白马寺”“老君山”

等著名的景区景点。除洛阳外，旅游者对郑州市、焦作市、安阳林州市的全域旅游建设印象也比较深刻，具体表现为“少林寺”“嵩山”“云台山”“红旗渠”等景点在词云图中的位置。词云图中除了表示景区和地点的词汇外，“喜欢”“推荐”“照片”等词汇也都较为醒目，表明旅游者的态度。词云图整体直观、形象地表示出旅游者对河南省旅游的直观印象。

（2）主分析类目词频分析

在对旅游者感知到的河南省全域旅游认知形象的前 100 位高频词汇进行整体分析后，为进一步详细深入研究河南省全域旅游建设情况，对上文提到的前 100 位高频词汇按照主分析类目和其所属的次级分析类目进行重新归类统计，得到结果如表 4-2 所示。

表 4-2 前 100 位高频词汇分析类目汇总表

主分析类目	总频数（次）	次级分析类目	频数（次）
旅游资源	14180	历史文化	6103
		人文景观	4319
		天气气候	96
		自然风光	3662
旅游体验	3444	消费价格	380
		旅游活动	1698
		餐饮美食	154
		整体评价	933
		酒店住宿	279
旅游公共服务设施	1296	景区公共服务设施	85
		公共交通	1110
		服务态度	101

从四大主分析类目来分析，前 100 位高频词汇在旅游资源、旅游体验和旅游公共服务设施这三大主分析类目中均有体现，且对旅游资源的感知最为深刻，总频数为 14180 次。其次则为旅游体验这一主分析类

目，总频数为3444次。最后则是对旅游公共服务设施这一主分析类目的感知程度较为深刻，频数为1296次。

从旅游资源这一主分析类目来进行研究。首先，旅游者对河南省的历史文化类旅游资源感知最为深刻，频次为6103次。其次，是对人文景观和自然风光的感知，感知频数分别为4319次和3662次，与历史文化这一次级分析类目的感知词汇频数相差巨大，但是，对比其他主分析类目中的次级分析类目的感知频数，该数据仍然具有显著优势。感知数量最少的为对天气气候的感知，在频数上具体显示只有96次。由此可以看出，旅游者对河南省全域旅游建设的旅游资源感知最为深刻，主要包括历史文化资源、人文景观资源以及自然风光资源。

从旅游体验这一分析类目来分析，前100位高频词汇主要对应的次级分析类目有消费价格、旅游活动、酒店住宿、餐饮美食和整体评价这五项，包含了旅游者在旅游活动中六项基本要素中的其五——“食、住、游、购、娱”。其中，旅游活动的频数最高，为1698次，其主要包含旅游者在旅游活动中的各项娱乐，包括摄影、购物等。频次略低于旅游活动的是旅游者对该行程的整体评价，如对旅游目的地城市、环境以及该旅游活动的总结和评价，频数为933次。排名再靠后的则是消费价格，其频数为380次，在该主分析类目中排名第三，说明旅游者在旅游过程中对价格较为敏感。旅游者对酒店住宿和餐饮美食这两项次级分析类目在前100位高频词汇中的感知频数的累计相差不大，分别为279次和154次。

前100位高频词汇所对应的最后一项主分析类目为旅游公共服务设施，主要包括旅游者在旅游活动中的“行”这一基本要素以及旅游服务供应商和相关部门提供的各项服务和设施。在这一主分析类目中，景区公共服务设施、公共交通以及服务态度这三项次级类目都被涉及。其中，旅游者对公共交通最为关心，在前100位高频词汇中累计出现频数为1110次，不仅包括旅游者在景区游览过程中的小交通，还包括旅游者从居住地到旅游目的地所在城市或景点的公共大交通。其次，旅游者提及的关于服务态度的词频数累计为101次。最后是景区公共服务设施，次数为85次。

4.2.2 语义网络分析

为进一步探究河南省全域旅游形象中深层次的结构关系，对采集到的网络文本进行语义网络分析。语义网络分析实质上是一种社会网络分析方法。社会网络作为一种分析问题的视角被主要应用在西方社会学，创始人为德国社会学家齐美尔。随着工业化以及新兴科学技术的逐步发展，社会逐渐表现出网络化的结构特征，被用于描述社会中的各种互动关系。社会网络（Social Network）由许多节点构成，是一种基于节点之间相互联系的“网络”的社会组织形式。该结构中的节点通常指个人或组织，而各节点相连的线则表示社会中各个组织或者个人之间的联系，通过这种联系，可能将互不相识或者是泛泛之交的独立个体或组织串联起来，这些个体与相互之间的社会关系共同构成了社会网络。这些社会关系包罗万象，包括朋友关系、家人关系、同学关系、合作伙伴关系、种族信仰关系等。

社会网络分析（Social Network Analysis，SNA）是由社会科学家根据数学方法、图论、模型等发展起来的定量分析方法。社会网络分析兴起于20世纪30年代末，是西方社会学的一个重要的分支，更成为当今社会学研究的一种全新的科学研究范式，由英国著名人类学家阿尔弗雷德·拉德克利夫-布朗（Alfred Radcliffe-Brown）从对结构功能的关注中提出。社会网络分析法可以从多个不同角度进行分析，包括中心性分析、凝聚子群分析等。①

作为社会网络分析中的一种研究方法，语义网络（Semantic Network）是一种用图来表示知识的结构化方式。在一个语义网络中，信息被表达为一组节点，节点通过一组带标记的有向直线彼此相连，用于表示节点间的关系。

进行语义网络分析主要借助 Netdraw 软件，构建语义网络分析图（如图 4-2 所示）。此图整体呈发散状，但仍然较难看出各元素相互之间的中心性。因此，将该图进一步整理，得到河南省全域旅游形象感知语义网络主成分布局图（如图 4-3 所示），该图明显体现出“核心—次核心—外围”的结构特征。②

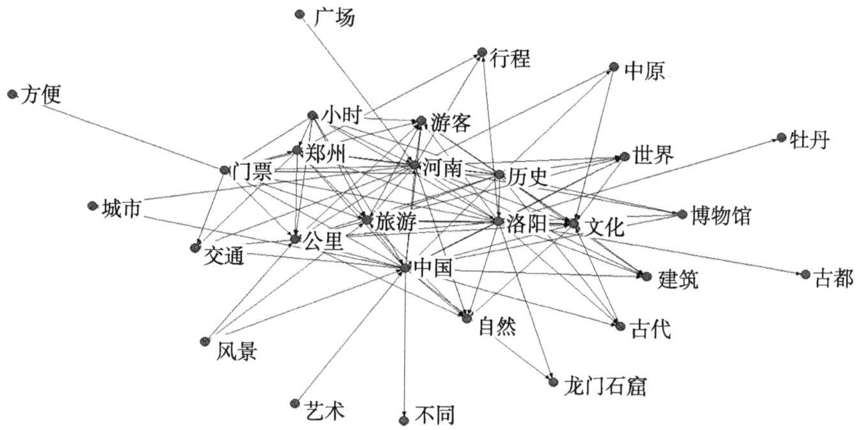

图 4-2 河南省全域旅游形象感知语义网络图

数据来源：整理所得。

根据图 4-3 所示内容，可以明显看出河南省全域旅游形象整体呈现以“河南—洛阳—中国—历史”为核心的布局。“河南”“洛

① 邓逸川，吉嘉，吴松飞，申琪玉．基于社交网络分析的中国 BIM 学术影响力分析［C］．第三届全国 BIM 学术会议论文集．中国建筑工业出版社数字出版中心，2017：316-322.

② 朱艳萍，林炜铃．“互联网+”时代智慧旅游景区供应链结构要素创新［J］．智能建筑与智慧城市，2019（11）：36-38.

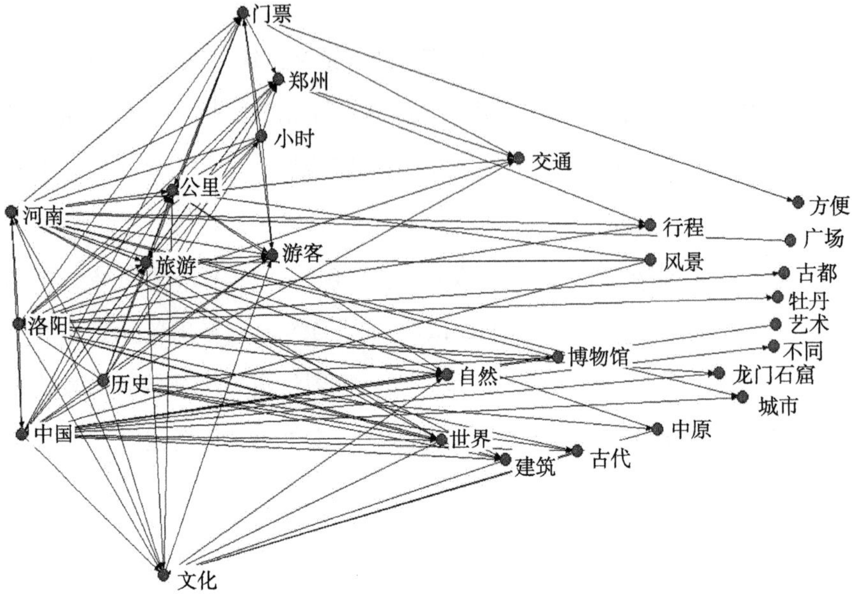

图 4-3　河南省全域旅游形象感知语义网络主成分布局图

数据来源：作者整理所得。

阳”“中国”三词处于核心地位，且三词为从属关系，表明了旅游者对河南省旅游资源的认可，而在河南省全域旅游建设中，旅游者对洛阳市的感受最深。位于次核心位置的词汇为“旅游”“历史”“文化”，且“历史”“文化”二词与“河南”“洛阳”“旅游”“游客”“古代”等词皆有联系，是对核心词汇的具体表现，说明旅游者对河南省悠久的历史文化资源印象最为深刻。处于最外围的词汇，如“古都”“牡丹”“广场”“博物馆”“龙门石窟”，则是对核心词汇和次核心词汇的进一步延伸和扩展，反映出旅游者感知到的旅游要素和需求。

为更加直观地表示出旅游者对河南省全域旅游形象的感知程度，利用 Netdraw 软件对文本数据进行中心性分析，得到河南省全域旅游形象中心性分析图（如图 4-4 所示）。

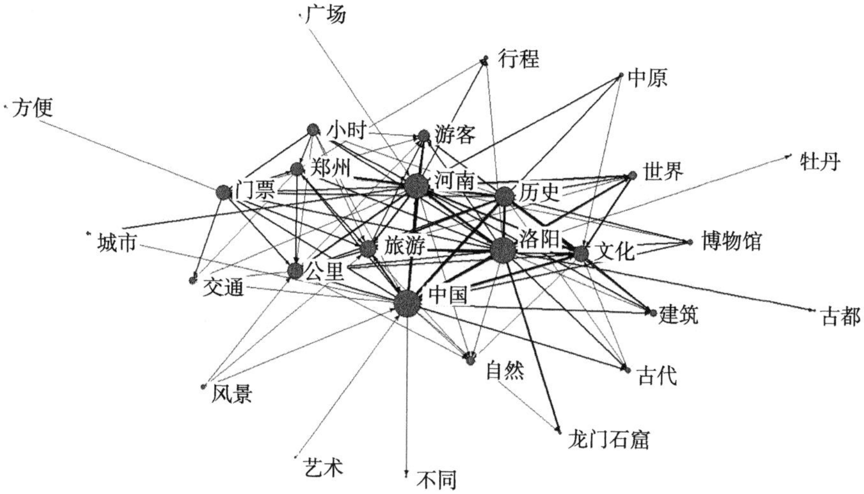

图 4-4　河南省全域旅游形象中心性分析图

数据来源：借助 Netdraw 软件整理所得。

中心性分析是语义网络分析的重点，个体中心度表示该个体处于网络中心的程度，反映了该个体（节点）在网络中的重要程度。① 在中心性分析图中，某一节点的中心性程度越高，表示该节点与其他节点之间关系越紧密，该节点所反映的内容在整个网络图中的重要程度越高。中心度的高低，在图中以节点的面积大小来表示，即节点面积越大，表示其中心程度越高，重要性程度越明显。中心性分析图中两节点之间连线的粗细则表示节点之间的关系强度，二者之间的连线越粗，表示二者共同出现的频次越高，之间的关系越紧密；反之，则说明二者的联系越疏远。②

如图 4-4 所示，在所有节点中，中心度最明显的为“中国”“河南”以及“洛阳”。“历史”“文化”“公里”“小时”“郑州”“门票”

① 邓逸川，吉嘉，吴松飞，申琪玉．基于社交网络分析的中国 BIM 学术影响力分析［C］．第三届全国 BIM 学术会议论文集．中国建筑工业出版社数字出版中心，2017：316-322.

② 吴珊珊．南昌市红色旅游形象感知与提升策略研究［D］．南昌：江西财经大学，2020.

等词的中心度较为明显，且“历史”“文化”与“洛阳”之间的关系强度较高。从这里可以看出，旅游者对历史文化印象较为深刻，从侧面说明河南省历史文化资源丰富，在全域旅游建设中应着重规划建设，树立文化品牌。“公里”“小时”“门票”说明旅游者对旅游时间、距离以及消费都十分敏感，这些在河南省全域旅游建设中也是颇为重要的因素。除此之外，“交通”“自然”“建筑”等中心性较小的词汇，亦能够直观明了地反映出旅游者的旅游需求，也是对中心性程度较强的词汇的补充说明。

4.3 河南省全域旅游情感形象分析

在对河南省全域旅游的认知形象分析完成后，还需要对旅游者的情感认知进行深入研究，探讨旅游者在旅游过程中对旅游目的地的情感评价。在进行情感分析时，首先，构建情感分析词典，利用 Python 软件，编写相应的程序代码，赋予分值，得到原始网络游记的情感程度，从整体上分析旅游者对河南省全域旅游建设的情感评价。其次，运用软件提取情感类高频词汇，详细分析旅游者对河南省全域旅游的情感印象。

4.3.1 建立情感分析词典

所谓情感分析，是指对语言中所包含的感情色彩进行评判，分析的是语言中深层次的含义，一般应用在新闻报道、商品评论、社区互动等文本信息中，并对文本信息进行主体分析和情感挖掘。进行情感分析，一般有两种方法：一种是基于句型、语法、语义的词典及规则方法，即使用情感词典；一种是基于标注语料的机器学习方法。尽管两种方法都能够对语句进行情感分析，但是，第二种方法需要专业人员人工标注情感语料，进行深度学习，所以，第一种基于句型和语法的词典及规则的方法更方便非机器学习的专业人员进行科学研究。研究人员只需要在进行科研时，结合已有的情感词典，根据研究目的和研究内容，重新整合、补充原有的情感词典，了解相应的规则，借助相应的软件，就能够进行情感倾向识别，得出科学的研究结果。

情感词典一般包括积极情感、消极情感、程度级别词语以及否定词。其中，积极情感一般是指描述人的积极能量的词汇；消极情感则是指人的负能量或者消极行为；程度级别词语则是用来描述情感的词语，在旅游者形象感知研究中，一般指旅游者出现该类情感的程度，如“极其开心”“非常开心”“很开心”“一般开心”和“一点点开心”；否定词语也是用来修饰情感类的词语，如“不开心”等。

在基于情感词典进行情感分析时，需要建立相应的规则，这就需要一定的统计方法和知识，但统计只在建立词典确立词条属性、建立规则库确定规则优先级时发挥作用。在确立词条属性时，尽管我们不能十分精准地测算出一个情感词的属性值，但是可以扩大范围以获取情感词所在的词性区间。利用统计学知识，通过计算该区间内的均值，近似计算句子的情感值。词性计算的时候，可以加大情感因子颗粒度，之后结合基于短语的情感词典，通过短语规则确定句子极性。在进行情感分析时，首先要判断文本是否为观点句，而常见的判断观点句的关键就是是否有情感词，带有情感词的是观点句，否则就是非观点句。因此，在建立情感词典时，一定要基于研究的目的和材料，人工补充情感更加浓烈的口语化情感词汇、短语等。否则，在进行情感分析时，会造成很多误判、错判，最终对科研结果造成巨大的误差。

尽管基于情感词典的情感分析方法在使用和操作上都极为方便，但是，该方法也有一定的局限性。首先，随着互联网的传播和普及，各类网络词汇频频出现，且使用频率极高，因此，应该不断完善情感词典库，与时俱进。其次，句子的情感属性得分是基于一定逻辑规则进行计算的，规则的完善程度也影响最后情感倾向的判定，准确度无法较大程度提升。如一个文本可能全篇都使用较多的负面情感词汇来进行描述，但是通读整篇文章后发现，该篇文章实则表达的是对某件事情的正面评价，即俗话说的正话反说。在这种情况下，单纯使用设置好的单一逻辑规则判断情感词计算情感得分，就无法得出正确结果。

本书在研究中为更深刻、更科学地刻画旅游者对河南省国家全域旅游示范区创建单位全域旅游建设的感知形象，以知网情感词典（Hownet）以及台湾大学的情感极性词典为基础，结合原始网络游记，构建本书的情感词典。知网情感词典是一个以汉语和英语所代表的概念为描述对象，以揭示概念与概念之间以及概念所具有的属性之间的关系为基本内容的常识知识库，包含中文情感词典和英文情感词典。其中，中文情感词汇共 8936 个，英文情感词汇共 1780 个。台湾大学的情感极性词典准确度极高，包括 2810 个正极性词语和 8276 个负极性词语。除以上传统情感词典外，本书结合实际，建立情感词典。该词典包含程度级别词语、中文负面词语、中文正面词语以及否定词语共 33311 个，详细数据如表 4-3 所示。

表 4-3　情感分析词典构成表

词汇类别	数量（个）
程度级别词语	417
否定词语	60
中文正面词语	14717
中文负面词语	18117
合计	33311

4.3.2 整体情感倾向分析

情感词典建立完成后，利用 Python 语言对河南省全域旅游形象感知进行下一步整体情感倾向分析。Python 是在 20 世纪 80 年代末和 90 年代初由吉多·范·罗苏姆（Guido van Rossum）在荷兰国家数学和计算机科学研究所设计出来的，高层次的，结合解释性、编译性、互动性和面向对象的一种脚本语言，是由语言 C++、Small Talk、Modula-3 等其他语言发展而来的。Python 语言是一种解释型语言，它的交互性体现在可以在提示符号后直接执行代码，面向对象性则体现在其支持面向对象的风格或者将代码封装在对象的编程技术中。

Python 脚本语言具有易于学习和易于阅读的特点，对于初学者来说，结构简单，语法明确，学习起来更加简单方便。同时，Python 语言是一个标准库，资源丰富且能够实现平台互跨，功能强大。除此之外，Python 语言可移植、可扩展、可嵌入。首先，由于其源代码十分开放，因此可以被移植到多个平台使用。其次，若用户在编写程序代码时需要严格的保密性，可以使用 C/C++语言来编写，同样可以在 Python 程序中使用。

在使用 Python 语言进行整体情感倾向分析时，识别观点句后，按照程度级别词语所代表的语义，设置不同的权重，具体规则如下：将所有程度级别词语分为五个层次，分别为 most、over、very、more 以及 -ish。其中，most 一词代表的程度最深，与其相对应的中文程度级别词语有极其、备至、倍加、彻头彻尾、极度、极端等，将这类词汇的权重设置为 3，即在运行代码时，遇到该类词汇时，直接为该观点句分值加 3 分。与 over 一词对应的中文程度级别词语有超、超额、超过、过度、过火、过劲、过猛、过热、过了头等，将该类词汇的权重设置为 2.5。与 very 一词对应的中文级别词汇有非常、大为、分外、多么、格外、何等、很、很是等，该类词汇的权重为2。与more对应的中文程度级别词语有大不了、更、比较、更加、更为、进一步、那么、那样、愈加等，将该类词汇的权重设置为1.5。与-ish相对应的程度级别词汇最低，有或多或少、略、略加、还、略微、稍稍、稍微、蛮、相当等，该类词汇的权重设置为0.5。

权重设置完成后，运行程序代码浏览243篇网络游记，对每一篇游记的正向情感和负向情感分别进行累计评分，分析整体情感倾向。然后令正向情感分数与负向情感分数相减，若最后结果为正数，则该篇游记整体倾向为积极情感；若最后结果为负数，则说明旅游者情绪比较消极；若结果为0，说明旅游者情感呈中性。按照该分类，得到河南省全域旅游形象感知整体情感倾向结果（如表4-4所示）。

表4-4 河南省全域旅游情感形象结果

情感倾向	分数区间	游记篇数	所占比例（%）
积极情感	(0, 486.5]	239	98.35
中性情感	0	1	0.41
消极情感	[-22.75, 0)	3	1.23

将上述分数区间按照分数分段，对每一类别情感倾向按照高度情感、中度情感和一般情感进行分类，假设a代表情感程度分数，则：

若 $a \in (0, 160)$，则a=“积极情感”“一般积极”；

若 $a \in [160, 322)$，则a=“积极情感”“中度积极”；

若 $a \in [322, +\infty)$，则a=“积极情感”“高度积极”；

若 $a \in (-\infty, -22.75]$，则a=“消极情感”“高度消极”；

若 $a \in (-22.75, -7.75]$，则a=“消极情感”“中度消极”；

若 $a \in (-7.75, 0)$，则a=“消极情感”“一般消极”；

若 $a=0$，则a=“中性情感”。

按照以上区间进行划分，河南省全域旅游情感形象感知详细结果如

表 4-5 所示。

表 4-5 河南省全域旅游情感形象感知详细结果

情感倾向（%）	情感程度	所占比例（%）
积极情感（98.35）	一般积极	88.89
	中度积极	7.40
	高度积极	2.06
中性情感（0.41）	中性情感	0.41
消极情感（1.23）	一般消极	0.41
	中度消极	0.41
	高度消极	0.41

如表 4-5 所示，旅游者感知到的河南省全域旅游情感形象中，以积极情感为主，占比为 98.35%；其次为消极情感，占比为 1.23%；最后为中性情感，占比仅为 0.41%。积极情感与消极情感和中性情感所占比例相差巨大，说明旅游者对河南省全域旅游建设表现较为满意。从情感程度来划分，我们可以看到，在积极情感中，旅游者情感程度为一般积极的占总数的 88.89%，中度积极的为 7.40%，而情感程度为高度积极的旅游者所占比例仅为 2.06%。旅游者所表现的中性情感比率与一般消极情感、中度消极情感和高度消极情感相同，均为 0.41%。由此说明，旅游者对河南省全域旅游形象以积极情感为主，但高度积极情感占比较少，感情色彩并不浓烈；旅游者中性情感和消极情感占比较少，但是，在消极情感占比中，一般消极、中度消极和高度消极占比一致，说明尽管旅游者对河南省全域旅游建设的积极情感占据较大部分，但是持消极情感的旅游者的感情表现比较浓烈。

4.3.3 情感词频分析

对原始网络文本进行整体情感倾向分析后，为更深刻、详细地分析旅游者对河南省全域旅游的情感感知形象，进一步使用 Rost Content

Mining 6 提取情感类高频词汇，并结合原始网络游记进行深入研究，获得研究结果后，提取前 40 个情感词汇进行深入分析，详细结果如表 4-6 所示。

表 4-6 河南省全域旅游情感形象感知高频词汇统计表

排名	词汇	频数（次）	排名	词汇	频数（次）
1	推荐	183	21	便宜	52
2	喜欢	162	22	壮观	51
3	自然	150	23	实在	49
4	不同	124	24	精神	48
5	特别	124	25	适合	48
6	特色	112	26	可惜	47
7	方便	111	27	简单	47
8	免费	90	28	欣赏	44
9	不错	85	29	独特	43
10	重要	85	30	问题	43
11	丰富	77	31	精华	42
12	著名	70	32	古老	42
13	传统	65	33	错过	42
14	建议	65	34	休闲	41
15	美丽	64	35	明显	40
16	保护	63	36	最佳	40
17	美景	62	37	吸引	36
18	天然	61	38	完整	36
19	值得	59	39	气势	34
20	好吃	53	40	结束	34

参照自定义情感词典词性划分，将前 40 位高频词汇依次分类，发现在旅游者对河南省全域旅游的情感类评价词汇中，仍然以积极情感词汇为主。在 40 个情感类高频词汇中，积极情感评价词汇有 37 个，占总数的 92.5%，且积极情感词汇排名都十分靠前，前 25 位高频词汇都为

积极情感评价。

排在前两位的积极情感词汇分别是“推荐”和“喜欢”，这两个词汇充分表达了旅游者对河南省全域旅游的态度。“推荐”一词多出现在对河南省餐饮美食、旅游路线、酒店住宿等方面的评价上。如在游记中，许多旅游者都表示，“作为一个疯狂而执着的吃货，把自己和伙计们最爱吃的几个店推荐给你们，如果想吃洛阳特色，这些地方值得一去”“住在新世纪大酒店，位于市中心，出门即商超；老三星，设施一般，价格亲民；推荐”“热心的司机大姐跟我们聊了一路，还重点给我推荐了登封烧饼”“一般游客强烈推荐微信讲解。试想自己随心所欲地漫步，每到一个石窟从容地听听讲解，随便观赏拍照，大把大把的时间可以消遣浪费，没有烦人的催促，是多么的惬意呀”等。“喜欢”一词旅游者多用于表达对该旅游目的地氛围、旅游资源等的态度，如“行走在山水之间，邂逅沿途的风景，听山间翦翦轻风，落蕊叮咛，偶尔的一声清脆的鸟鸣，仿佛置身于空灵的仙境。一路上会听到溪流淙淙，各种不知名的树木花草扑面而来，阳光透过茂盛的枝叶，迷迷离离地落在自己的身上。喜欢这种感觉”“本人最喜欢洛阳博物馆里的藏品，很难想象距今一千八百多年前的玉杯至今仍然洁白如新”“整齐地排列在远处的白色牡丹花如星光点点。这是我最喜欢的品种，叫黄冠，含苞欲放，硕大无比”等。

其他积极情感词汇还有“方便”“特别”“不同”“美丽”“值得”“最佳”等，在游记中也都有不同的体现。如“值得”一词在对旅游纪念品、旅游活动、旅游交通等方面的评价中都有显示，“路两旁还有很多卖手工艺品的，总之值得一去”“15：00 准时开始，童子功、螳螂拳、虎拳、蛤蟆功等均有表演，30 分钟左右，中间还有和观众的互动，卖卖光盘。武术表演值得一看，但之后是书法展卖，大部分人直接走了”“值得点赞的是公交车，不论是哪路车，等三两分钟肯定到。这一点，哪都比不了”，这些都充分说明了旅游者对河南省全域旅游建设情况的满意度和评价较高。

在前40位高频情感词汇分析中，具有明显的消极色彩的情感词汇仅有三个，分别是“可惜”“错过”和“问题”，分别排在第26位、第30位和第33位，频数也仅为47次、43次和42次。但是，将该消极情感评价词汇回溯至游记中深入分析，仍然能看出河南省在全域旅游建设中存在的一系列问题。首先，“可惜”一词在消极情感词汇评价中出现的频数最高，如“但是洛阳毕竟不是省会，无法集一省资源打造大部分仿古建筑，所以劣质感更强一些，如说明堂真的可惜，只修了一层。总的来说最可惜的还是那一大票真正的古董——明清建筑了，全去假古董那里玩了，忽视了真正的古物”“景区分东山和西山两部分，大部分雕像在西山，景区内大小石窟众多，但被毁坏的不在少数，不免让人觉得可惜”“每一个古宅前都会有一棵古老的树。现在没有修缮的房屋，旧家具满屋的凌乱，厚厚的灰尘蒙着，已看不出原本的色彩，很是可惜”，旅游者从这些游记中直观表达出对历史文物被忽视的遗憾和惋惜，但是也从侧面反映出旅游景区管理部门在历史文物保护工作方面出现的失误和纰漏，在今后的工作中应当重点加强。另外，将“可惜”一词放至原网络游记中，发现并不是所有的“可惜”表现出来的含义都是对景区的负面评价，还可能包含由于天气、城市规划建设等原因而造成的没有观看到传奇景观或重点文物的遗憾和惋惜，尤其是期望与现实之间的巨大落差而造成的失望。如“据说这里是自成一体的小气候圈，可惜没看到腾云起雾”“可惜博物馆主馆装修，说是为了迎接民族运动会以显大市形象，只有一点点的文物放在一个小辅馆里展出，还好我想看的镇馆之宝‘妇好鸮尊’青铜器没被收起”“所以我们这一大桌子冷的、热的、干的、汤的应有尽有，丰盛得不得了，可惜光顾着吃，没有一一拍摄下来”。

“错过”一词位于消极情感词汇的第二名，在词典中意为“失去（时机、对象）”。同样的，尽管“错过”一词在词性上表现为消极类情感，但是在游记中的表现并不全然如此。在游记中，“错过”多与否定词连用，更多的是旅游者向网站中其他浏览者推荐该景点，劝诫其在游览过程中不要错过，如“除了最后的爬山路线，其他的部分都还是很轻松的，很适合朋友聚会或者全家人一起来玩，最近游客也比较少，旅游体验特别好，大家不要错过这个宝藏地方哟”“因为天气冷所以树叶黄得早，但木已成舟不可能变更行程，只能遗憾地错过了”“好几年前到安阳的时候因为时间和交通的关系错过的红旗渠，这次正好补上，刚才在景区大门口看了大屏上对红旗渠的景色的介绍，现在身处其中不光是被这里景色所吸引，更重要的是被这里的一种精神所吸引”。

“问题”一词在游记中的具体表现有“出来后刚好赶上一辆送客人过来的车，不然交通还真是个问题，洛阳的快车司机们大都非常友善，还会给你一些行程建议，这在后面两天的路上也能感受到”“在马蜂窝或其他第三方旅游平台上购买跟团票，解决交通问题，一般是大巴出行，单程耗时 3 小时左右。需要注意的是，由于是散客拼团，旅行社大巴需要在市区兜圈接人，导致出行和集合时间较早”，从这些描述中可以明显看出相关部门在公共交通方面的问题，尤其是自然观光景区与市区之间的交通问题，由于自然风景类景区一般位于山区或者距离市区较远的郊县，除自驾游客之外，其他旅游者前往一般是乘坐公交车或者景区专线，以大巴车为主，但是公交车与大巴车车次较少，旅游者等候时间长，不能满足旅游者全方位、全时段的旅游需求。因此，旅游者在旅游公共交通方面的消极情绪体现较多，在今后的建设中应当注意改善。

除公共交通方面的问题外，旅游者关于“问题”一词的消极情感还表现在对网络等基本服务设施和工作人员的专业水平上，如“今天天气比较炎热，提前二十分钟出发，着急忙慌地往目的地赶，不知道是网络问题还是怎么了，共享单车今天就是不让用”“吃早餐后就收拾行装下山，山顶的水源都是从山下引的，比较紧缺，但喝水吃饭没有问题，洗澡就放弃吧”“办理前台入住的时候，有一个旅客正在因为退房的某些问题跟前台人员交涉，前台总共就俩人，这三个人一直在交涉，过去十分钟也没个结果，把我晾在一边，直到我强烈声明要尽快入住”。

与“可惜”和“错过”相同，“问题”一词在游记中也不全是对旅游景区的负面评价，还有可能是旅游者自身在旅游行动规划或者天气等方面的问题，如“问题是去哪儿？只有 3 天的时间，最好是考虑周边的旅行地”“本来以为阴天没什么问题，结果小雨不断，也没有了出发前的好心情”。

4.4 河南省全域旅游整体感知形象分析

本章内容以巴洛格鲁等学者在 1999 年提出的关于旅游目的地感知形象的“认知—情感”理论模型为理论基础，主要对河南省全域旅游整体感知形象进行分析。根据“认知—情感”系统理论，整体感知形象分为认知形象和情感形象，因此，本章选取相应的研究方法，借助相应的软件工具，分别从认知形象和情感形象两方面对河南省全域旅游整体感知形象进行分析。

在进行河南省全域旅游认知形象分析时，主要借助 Rost Content Mining 6 以及 Netdraw 软件，根据以上对认知形象的词频分析和语义网络分析，可以得出：河南省旅游资源丰富，历史文化资源尤其突出，旅游者对河南省历史文化旅游品牌感知强度较大，全域旅游建设颇有成效。从词频结果来看，在河南省 26 个国家全域旅游示范区创建名录中，旅游者对其中的洛阳市、郑州市的全域旅游认知形象感知较深，尤其是龙门石窟、少林寺、白马寺等知名景区，旅游者感知频次极为靠前。除此之外，国家全域旅游示范区创建名录中的焦作市云台山景区、林州市的红旗渠景区也在旅游者感知的前100位高频词汇中，说明河南省代表性景区特色突出，尤其是历史文化类和自然风光类景区在全国旅游市场都具有一定的影响力。从为数不多的前100位高频词汇中的形容词性词汇和动词性词汇来看，旅游者对河南省旅游市场和旅游服务整体评价较高。

根据语义网络分析结果，河南省全域旅游认知形象整体呈“核心—次核心—外围”的结构特征。其中，处于核心位置的主要为旅游者感知最为深刻的关于地理位置名称的描述，主要有“河南”“洛阳”和“中国”，表现出河南省在我国旅游业中占据的重要位置，而洛阳市在河南省旅游业中又占据重要的一席之地。位于次核心位置的词汇主要为“历史”和“文化”，该词汇承上启下，既与其上的核心位置词汇“河南”“洛阳”紧密相连，是对核心词汇的具体延伸和解释，又与其下层的诸多外围词汇，如“游客”“古代”“牡丹”等联系紧密，是旅游者对河南省旅游印象的具体描述和体现。处于社会语义网络图最外围位置的有“博物馆”“龙门石窟”等，是对核心位置和次核心位置词汇的进一步解释和扩展，是旅游者在旅游活动中感知到的具体事物或旅游景点，同时也较清晰地表明旅游者在旅游活动中的具体需求。

通过语义网络分析与前100位词频分析，我们可以发现：首先，二者得出的河南省全域旅游认知形象结果大体一致，即河南省全域旅游资源丰富，旅游者感知要素较为全面，其中尤以历史文化类旅游资源为甚，山水等自然旅游资源次之。在历史文化类旅游资源中，旅游者对河南省隋唐时期文化感知最为深刻，在前100位高频词汇中，“隋唐”和“唐代”分别排在第58位和第79位。其次，针对具体的历史文化类旅游城市，国家全域旅游示范区创建名录中的郑州市和洛阳市上榜，且二者在高频词汇中位居前三。最后，就具体的历史文化类旅游景点看，旅游者对龙门石窟、少林寺、白马寺以及各类博物馆等景点印象最为深刻，其中的佛像、遗址等受到旅游者夸赞。在山水等自然风光类旅游资源中，峡谷、瀑布、森林等景观都在旅游者高频感知词汇中，但整体出现的频数与历史文化类景观相差较大，就总频数而言，历史文化类总频数约为自然风光类总频数的两倍。

在对河南省全域旅游情感感知形象进行分析时，首先建立情感分析词典，其次则主要利用 Python 语言编写相应的程序代码，从而得出有利于本研究的数据结果。在利用 Python 语言进行深入分析时，首先，要对相应的情感程度副词赋予一定的分数，将爬取到的所有的网络游记按照篇数分别进行积极情感和消极情感评分，判断该篇游记最终的情感结果。其次，根据积极和消极情感分数的差异程度，将每篇游记的情感程度进行更加详细的划分。最后，提取情感类高频词汇对旅游者情感感知形象进行详细深入分析。

情感分析结果显示，旅游者对河南省全域旅游建设整体情感感知倾向极好，积极情感占比超过 95%，中性情感占比不到 1%，而消极情感也仅为 1.23%。但是，在将情感程度进一步细分后发现，旅游者对河南省全域旅游建设积极情感感知情绪并不浓烈，因为在积极情感的占比中，一般积极情感占据比例约为 90%，中度积极情感为 8%左右，而高度积极情感占比仅 2.06%。尽管消极情感在整体游记中占比极小，但是将其程度进一步划分，所得结果却与积极情感大不相同，一般消极、中度消极和高度消极情感占比相等，说明旅游者对在河南省的旅游活动中的消极情感感知情绪更为浓烈。根据情感类高频词汇分析结果，我们可以得出：旅游者对河南省国家全域旅游示范区创建名录的全域旅游建设评价较高。在前 40 位情感类高频词汇中，积极情感高频词汇占比超过 90%，且在积极情感词汇中，排在前两位的高频词分别是“推荐”和

“喜欢”。在40个情感类高频词汇中，消极情感词汇只有3个，分别是“可惜”“错过”和“问题”，也从一定程度上反映出河南省全域旅游建设过程中出现的问题，如旅游管理部门在景区文物保护工作方面的问题、偏远旅游景区与城市的公共交通问题、网络基础设施建设问题以及旅游相关行业服务人员的基本素质问题等。

综合以上对河南省全域旅游感知的认知形象和情感形象分析，我们可以得出河南省全域旅游感知整体形象：河南省旅游资源丰富，旅游者对历史文化类旅游资源感知程度最深，其次为自然风景类资源。旅游者对河南省全域旅游建设整体评价较高，对旅游活动多表现为积极情感，但是情感程度并不浓烈。就发展全域旅游区域来看，郑州市、洛阳市、焦作市和林州市四地旅游景区被旅游者所熟知，且旅游业发展较好，而河南省其余国家全域旅游示范区创建名录城市的全域旅游建设应该加强，存在全域旅游资源整合程度较低、旅游宣传不全面等问题，在今后的旅游建设规划和宣传中，应该更加注意，做实“全域”思想。除此之外，河南省全域旅游建设更加应该注重和加强旅游综合管理工作、公共交通的网络覆盖、旅游公共服务的基础设施建设工作以及旅游相关行业从业人员的培训和监管工作。

5

河南省全域旅游形象建设分析及建议

通过第 4 章对河南省全域旅游整体感知形象的综合分析，借助相关分析软件和 Python 语言，清晰地描述出河南省全域旅游感知形象，根据分析结果，深入游记，找出河南省全域旅游建设中存在的问题。对某一现象进行研究，发现问题后，最终的落脚点还是根据问题研究出相对应的解决办法，使得河南省全域旅游建设越来越好，也为旅游目的地今后的规划建设提供针对性的战略指导。旅游业作为第三产业，主要是为旅游者服务，开发出让旅游者满意的产品，提高旅游者的旅游体验。因此，一定要重视旅游主体，即旅游者的意见和态度，根据旅游者的满意度和需求，提出让顾客满意的战略决策。

重要性—绩效（IPA）分析法由于其模型构建简便，且通俗易懂、清晰明了，十分有利于企业或者管理部门制定相关决策。因此，在对河南省全域旅游形象感知的研究中，为提出更加符合旅游者期望和需求的针对性建议，本章基于 IPA 模型构建的原理，首先，利用李克特量表设立等级分值，按照上文中构建的指标体系，对原始网络游记逐句进行评分。其次，重要性数据的选取，主要是参考其他相关研究，将该指标所包含游记内容出现的频数作为基础性数据。最后，按照相关公示，根据已知评分和频数，计算 IPA 模型中的重要性数据（I 值）和绩效表现分数（P）。随后，利用SPSS软件，导入相关指标数据，制作河南省全域旅游形象感知要素散点图，根据21项指标在散点图中的位置，找出在今后的规划建设中需要重点关注、优先改进的要素以及需要继续保持的要素等，并结合全域旅游整体感知形象，提出有针对性的决策和建议。

5.1 形象感知IPA模型分析

5.1.1 河南省全域旅游形象感知要素编码评分

通过上文中对河南省全域旅游整体感知形象的研究梳理，利用NVivo文本挖掘软件，已将所有网络游记文本数据完成三级人工编码，最终成功构建河南省全域旅游感知形象研究指标体系。该体系共包含4项主分析类目和21项次级分析类目，具体为旅游资源（自然风光、历史文化、人文景观、天气气候、风俗节日）、旅游体验（餐饮美食、酒店住宿、整体评价、消费价格、拥挤感知、旅游活动、智慧旅游、旅游讲解、纪念品）、旅游公共服务设施（公共交通、景区公共服务设施、服务态度）以及旅游管理（景区保护、景区宣传、安全管理以及景区管理），并绘制指标体系项目图。以此为研究基础，进一步分析旅游者对河南省全域旅游建设的期望指数和满意程度，建设令旅游者满意的高质量全域旅游示范区。要想完善河南省全域旅游形象，仍需对旅游者形象感知要素进行“重要性—绩效分析（IPA）”的模型构建。

在进行IPA分析前，首先需对指标中所含有的每一项编码要素进行评分，具体评分规则的设置和分数主要依据李克特量表。李克特量表（Likert Scale）是由美国社会心理学家雷恩·李克特（Rensis Likert）于1932年改进的一种评分加总式的心理反应量表，将属于同一概念或者同一类型的项目分数进行加总来计算总分数。李克特量表是使用李克特选项的总称，而一种李克特选项被认为是一种陈述。即研究人员对受访者就某一研究目的设置问题，受访者需要根据问题的实际情况做出对该题目的认同程度，或者其他与该问题相关的主观或者客观的评价。最常用的李克特五级量表的陈述则是由“非常同意”“同意”“不一定”“不同意”和“非常不同意”五种评价组成，五种评价陈述表示的答案程度不同，其对应的分数就不同，将五种评价得分分别记为 5 分、4 分、3 分、2 分、1 分，最后，将所有问题答案与分数对应，并将所有分数相加，就得到受访者对该研究目的的真实态度。李克特量表结构简单、易于操作，常被应用在市场营销等领域的调查研究中。

李克特量表适用范围更广，能够测量更加复杂、多维度的概念和态度。相较于其他量表，李克特量表往往具有更高的信度。但是，李克特量表也存在缺点，其中，最突出的一点就是在计算总分时，即使两位受访者对该问题的答案分数一致，也不能完全确定两位受访者对该研究目的具有同一种态度。因为各个问题之间分数的不同，在进行加总时存在一定的偶然性和随机性，尽管各个问题的答案不同，但是总分也可能相同。因此，李克特量表只能描述出一个人对某一问题的整体态度，用分值来区分受访者对这一问题的评价高低，但是无法详细地描述出受访者态度的内部结构差异。针对本书的研究目的，引用李克特量表，只是为量化出旅游者对游记内容中表达出来的该指标的评价程度，即最后的评分，对旅游者态度之间的内部结构差异不做深入研究。

在对指标体系中所含有的编码要素，即原始网络游记进行打分时，首先，利用李克特五级量表设置相应的分数等级。在本书中，将李克特五种评价态度设置为“A—E”五个等级，分别对应“非常满意、满意、一般、不满意、非常不满意”，并将其赋予 5 分、4 分、3 分、2 分、1 分，设立分数编码规则。其次，将 21 项次级分析类目依次从 1 至 21 编号，设立数字编码规则。最后，研究人员对每一个参考点按照以上规则进行评分，每一项参考点编码规则都由数字和字母两项元素构成，具体评分规则如表 5-1 所示。

表 5-1 参考点评分规则

编号	游记原文	对应分析类目	编码
1	住进去确实也不错，旅舍有两只可爱的猫，老板和店员都很好！再有就是交通还挺方便的，门口 10 米处就是公交站，到洛阳各个景点基本都有直达公车，不用转车，老方便了	酒店住宿、服务态度、公共交通	7B、17A、15A
2	知道饭菜量大就没多点，上来我妈还是直说点一个菜就够了，真的是没有比脸小的盆。馍就是饼，并不因为偏旁一样就是馒头，吃法呢类似于吃烤鸭，对，裹着菜吃。羊肉很好吃呀，放了孜然，是好久好久没吃过的烤羊肉串的细嫩的肉质。红豆粥和小米粥都是免费自取的，红豆粥煮得那个烂呀，喝了好几碗。槐花炒鸡蛋实在地放了好多鸡蛋，其实多点槐花我可以的。馍肯定是没有吃完，饼实在是烙得很好，有咬劲儿，老人家果断打包了	餐饮美食	6A
3	洛阳的物价太美好了！初到温度 28℃左右，空气是远不如江南那么湿的。太阳大，有风，牛仔外套穿起来也是不热的。没有那么多山，一眼可以望到很远。现代信息技术发展真的快，有个手机，就够了。买东西付钱，查地图买票，订房间……电子公交卡洛阳也有了	消费价格、天气气候、智慧旅游	4A、9B、12A

如表 5-1 所示，就是对参考点游记内容编码评分的规则。如编号 1 所示，将其编码评分为“7B”“17A”“15A”。其中，7、17、15 分别代表次级分析类目“酒店住宿”“服务态度”“公共交通”；A、B 则分别对应编码的等级分数非常满意和满意。“7B”表示旅游者对酒店住宿较为满意，所以酒店住宿这一二级编码的分数为 4 分。同理，“17A”“15A”说明旅游者对服务态度、公共交通都十分满意，服务态度和公共交通这两个二级编码的分数都为 5 分。将所有参考点内容按照以上规则进行编码、评分、加总，得到 IPA 分析中旅游者对河南省全域旅游建设的实际表现分数，为之后的 IPA 分析提供基础。

5.1.2 河南省全域旅游形象感知要素 IPA 分析

IPA 分析法（Importance-performance Analysis）自 1977 年被马提拉（Martilla）和詹姆斯（James）运用到对汽车经销商的考核中后，[①] 就被各行各业广泛引用，旅游业自然也毫不例外。海外学者在旅游研究中首先将其运用到了旅游休闲业中，随后，该方法又被用在旅游目的地形象（Tourism Destination Image，TDI）的诊断和设计中，如对拉斯维加斯作为会展目的地的形象定位等。由于 IPA 分析法具有通俗易懂、分析问题清晰明了、便于操作等特点，海外学者利用 IPA 分析法进行 TDI 的诊断和设计取得了一定的成就。[②] 20 世纪末，IPA 分析法被引入国内旅游研究领域后，就被应用到与旅游相关的多个方面，如对旅游目的地形象感知的研究、对旅游者满意度和服务质量的研究、对会展业对旅游地产生的影响的研究、对酒店行业顾客满意度的研究以及其他方面。[③] 本书在对河南省全域旅游感知形象的诊断中，同样引用 IPA 分析法进行深入研究。

在运用 IPA 分析法进行研究时，一般将旅游者感知重要性（I）和实际表现（P）作为平面直角坐标系的横轴和纵轴，并将两类指标的总平均数或中值作为一点，过该点分别作两条垂直于 x 轴和 y 轴的直线，两条直线交叉将该平面直角坐标系分为四个象限，分别为继续保持区、供给过度区、优先顺序较低区以及加强重点改善区（如图 5-1 所示）。

其中，位于第一象限继续保持区的旅游产品或服务，旅游者对其实际体验以及重要性感知都很高，这就意味着旅游相关行业提供的旅游产

① MARTILLA J A，JAMES I C. Importance-performance analysis［J］. Journal of Marketing，1977，1（51）：77-79.

② 宋子斌，安应民，郑佩．旅游目的地形象之 IPA 分析——以西安居民对海南旅游目的地形象感知为例［J］. 旅游学刊，2006（10）：26-32.

③ 高志洋．IPA 分析法在国内旅游研究领域的应用［J］. 考试周刊，2012（40）：21-22.

品的性能或者指标最令人满意，这表示供应商对该产品或服务在设计、建设以及推广等方面做得较好，或者某一景点的自然风光等十分突出，令旅游者十分满意。因此，若某些指标落在该象限内，则说明其应该继续保持。位于第二象限供给过度区的产品或服务，旅游者对其实际绩效表现数值较高，重要性值就偏低，这意味着对于第二象限的指标要素，旅游者一般认为其并不十分重要，但是旅游服务供应商在该产品上却投入过多，故将其称为“供给过度”，使得旅游者从自己并不期望的旅游产品或服务中获得“意外惊喜”，该部分“意外惊喜”我们称为额外资源。在景区实际运营管理和建设中，企业可以将在该方向所投入的资源转移到其他更重要、旅游者更期望的产品和服务中去。位于第三象限优先顺序较低区的旅游产品或服务，比较旅游者的实际表现和重要性数值，我们可以发现该部分产品二者数值相当，说明旅游者对这部分产品的实际表现并不十分满意，同时也对其并不重视。因此，尽管这些产品或服务需要改进，但是，明显旅游者认为其并不十分重要，所以，在今后的规划和建设上，该部分产品可以“容后处置”，而对那些旅游者十分重视却实际表现值较低的产品或服务进行优先、重点改进。这部分产品所在的位置就在 IPA 分析图中的第四象限——加强重点改善区。从数据上来看，该部分产品的绩效表现数值相较于重要性数值明显偏低，正说明其重要性程度高而实际表现却不尽如人意，问题亟须解决。因此，旅游管理部门尤其要重视该部分指标所包含的内容，同时旅游相关行业也应重点研判，分析问题，改变思路方法，找出解决措施，重新打造让旅游者满意的旅游项目，提供让旅游者满意的旅游服务。

针对本书研究目的，利用 IPA 方法进行重点分析时，完成对感知形象指标体系参考点内容的编码评分后，IPA 分析图上 x 轴、y 轴表示的重要性（I）和绩效表现（P）数值具体计算公式如下：

$$I=\frac{\text{旅游形象感知要素 } n \text{ 的频数}}{\text{旅游形象感知要素总频数}}\times 100\%$$

$$P=\frac{\text{旅游形象感知要素 } n \text{ 的总评分}}{\text{旅游形象感知要素 } n \text{ 的频数}}$$

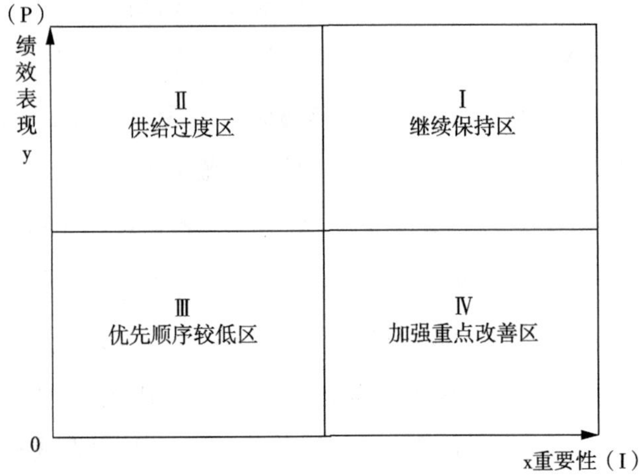

图 5-1 IPA 模型分析图

梳理所有参考点内容以及 21 项指标要素在游记汇总出现的频数以及总评分，并按照上述公式将数据进一步整理，计算出重要性占比（I/%）和绩效表现值（P/分），得到河南省全域旅游感知形象指标要素分值表（如表 5-2 所示）。将表中数据导入 SPSS 软件，绘制 IPA 分析图（如图 5-2 所示）。

表 5-2 河南省全域旅游形象感知要素分值表

编码	二级编码	相应高频词汇及评价	频数（次）	分数（分）	I/%	P/分
1	自然风光	牡丹花、瀑布、峡谷、独具一格	99	480	8.29	4.85
2	历史文化	佛教文化、中原文化、古都、璀璨	131	642	10.97	4.90
3	人文景观	龙门石窟、中岳庙、多种多样	142	687	11.89	4.84
4	天气气候	狂风暴雨、晴朗、大雾、寒冷、干燥	29	103	2.43	3.55
5	民俗节日	月季花展、牡丹文化节、浓烈、盛况	16	76	1.34	4.75
6	餐饮美食	洛阳水席、牡丹饼、香、味道好、特色	90	397	7.54	4.41
7	酒店住宿	宾馆、青年旅社、经济、干净、卫生	92	353	7.71	3.84

续表

编码	二级编码	相应高频词汇及评价	频数（次）	分数（分）	I/%	P/分
8	整体评价	舒服、得劲、惊喜、别有滋味、惬意	71	290	5.95	4.08
9	消费价格	门票、住宿消费、不贵、性价比高	72	224	6.03	3.11
10	拥挤感知	人群、游客寥寥、人流如潮	35	95	2.93	2.71
11	旅游活动	拍照、表演、日出、音乐喷泉、惊险刺激	34	149	2.85	4.38
12	智慧旅游	网上、携程、手机、微信、方便、快捷	32	144	2.68	4.50
13	旅游讲解	导游、语音讲解、景区讲解器、导览机、推荐	13	53	1.09	4.08
14	纪念品	纪念牌、口杯、挂件、一应俱全、不错	8	34	0.67	4.25
15	公共交通	公交、高铁、火车站、便利、出租车、要道	188	509	15.75	2.71
16	景区公共服务设施	步道、标识、停车场、索道、规模、方便	41	148	3.43	3.61
17	服务态度	老板、店员、很好、热情	35	137	2.93	3.91
18	景区保护	重建、修理、维护、保持、干净整洁	19	59	1.59	3.11
19	景区宣传	宣传画、网上、电影、朋友圈、抖音	13	49	1.09	3.77
20	安全管理	滑倒、火灾、楼梯、围栏	6	14	0.50	2.33
21	景区管理	街区提升、改造、设计、人性化	28	62	2.35	2.21

如图 5-2 所示，我们可以明显看出：河南省全域旅游形象感知研究 21 项指标体系要素中，位于第一象限继续保持区的指标有 6 项，位于第二象限供给过度区的指标有 6 项，位于第三象限优先顺序较低区的指标有 7 项，位于第四象限加强重点改善区的指标要素仅有 2 项。从绩效表现数值来看，分布在第一、第二象限的 12 项编码要素的绩效表现值都较高，说明旅游者对河南省全域旅游建设较为满意，河南省旅游情况整体表现良好，能够满足旅游者的基本需求，旅游者能从旅游活动中获得满足感和价值感。绩效表现值较低的指标要素有 9 项，旅游相关部门和行业应该综合考虑整体情况，对以上指标进行重点改进。从重要性数

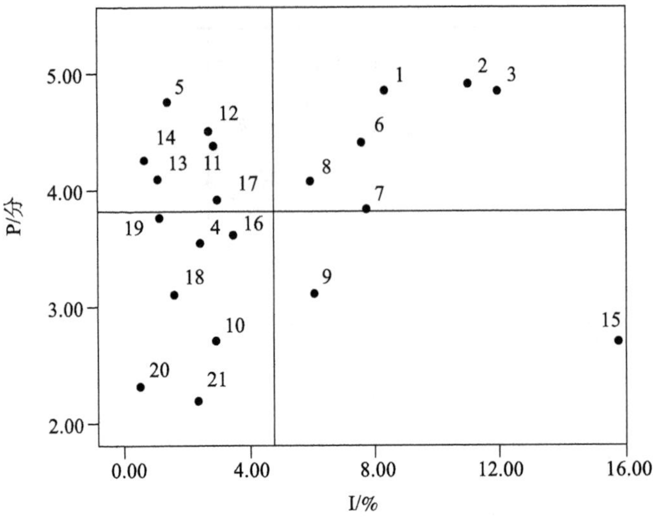

图 5-2　河南省全域旅游形象感知指标要素 IPA 分析图

数据来源：作者根据数据借助 SPSS 软件整理分析。

值来看，旅游者十分重视的全域旅游指标要素有 8 项，其中，第 15 项指标要素重要性值最高；旅游者重视程度较低的指标要素有 13 项。综合分析重要性和绩效表现两类数值，我们可以发现，在旅游者重视程度较高的 8 项指标要素中，有 6 项指标的绩效表现都很高，而只有两项指标落在加强重点改善区，从侧面说明旅游者对河南省全域旅游建设的满意度较高。

从具体象限来分析：

在第一象限继续保持区中的指标要素，旅游者对其实际表现很满意，对这些指标要素也十分重视，主要有自然风光（第 1 项）、历史文化（第 2 项）、人文景观（第 3 项）、餐饮美食（第 6 项）、酒店住宿（第 7 项）、整体评价（第 8 项）这 6 项要素，存在于旅游资源和旅游体验这两大主分析类目中。其中，旅游者对历史文化和人文景观这两大指标的重要性程度和绩效表现评价尤为突出，说明河南省历史源远流长，文化底蕴深厚，人文景观大气磅礴，酒店住宿环境优美，设施完备。在游记中，旅游者对河南省的历史文化尤为推崇，“洛阳是华夏文明的发祥地之一、丝绸之路的东方起点、隋唐大运河的中心，历史上先后有十三朝在此建都，自古以来就有数不清的美景”“洛阳水席源于唐朝，有着悠久的历史，也是来洛阳必须品尝的美食之一。酸汤焦炸丸子、连汤肉片、牡丹燕菜、蜜汁红薯、八宝饭等，比较喜欢吃的还是熬货、腐乳肉和连汤肉片。旅行中最不能辜负的就是美食了，每个地方的饮食都是一种文化，都有属于自己的特色美食”“河南——黄帝的故乡，古丝绸之路的东方起点。八大古都中河南独占四席，它们分别是郑州、洛阳、开封、安阳。可见这个中原大省在古时候重要的地理位置与历史长河中厚重的分量。‘一个河南史就是半个中国史’，看中国历史，首站非河南莫属，走吧，走吧，穿越历史，与古人相会在河南。古墓、石窟，我来了”这样的评价数不胜数。

旅游者对河南省全域旅游形象感知研究指标中的第 8 项指标——整体评价的绩效表现值也较高。旅游者认为旅游城市干净整洁，氛围惬意舒服，如“这里的村民每天过着日出而作、日落而息的生活，没有城市的车水马龙，只有自己院子里精心种植的蔬菜和瓜果，到了收获的季节摘下来品尝，这种慢节奏的生活在城市里很难找到”“黄河绿道宜走路、宜跑步、宜骑行，既有花香两岸，也有微风拂过，黄河水面听鸟鸣山野，如行画中。穿越孟津最美的风景线之一，享受初夏的惬意之旅”。相关管理部门在今后的规划和开发中，这些因素都应该继续保持。

除历史文化、人文景观两项指标外，自然风光和餐饮美食这两项指标要素的绩效表现值也较高。河南省自然风光秀美明丽，焦作云台山飞泉瀑布的地质地貌景观奇特，被评选为全球首批世界地质公园。洛阳白云山等自然风景独美，山水秀丽。老君山不仅有山水胜景，更是道教文化的发源地，在游记中被众多游人称道，如“十里画屏的尽头，遥望辉煌的金顶坐落于山巅，如仙境之宫。游完老君山，洛阳之旅也到达了终点，坐缆车下山的途中，我回望着连绵的青山和鳞次栉比的峰林，思绪如浮云飘散开去”“红石峡是这里最有特色的景点之一，因为整个峡谷是暗红色的，而峡谷中的水与植物是蓝绿色的，看起来像盆景般美丽，所以有丹崖碧水、盆景峡谷的说法。在峡谷里沿着水流走，三步一泉、五步一瀑、十步一潭，集泉瀑溪潭涧诸景于一体，真是山水如画，美不胜收”等。除此之外，河南省餐饮美食各具特色、品种繁多，洛阳水席不仅味道多样，喜好者众多，而且蕴含了丰富的“水席文化”，郑州的烩面、开封的灌汤包、周口的胡辣汤都让人赞不绝口。我国历来流传一句俗语“民以食为天”，旅游者在旅游活动中更是将品尝美食作为一大乐趣。因此，许多旅游者都在游记中表达了自己对河南美食的看法，如“我俩回到农家，一人要了一瓶山楂汁，这个山楂汁真的是万仙山的特色，太好喝了”“在附近吃了早饭，除了烩面，胡辣汤也是河南最具代表性的美食之一，别看店铺不起眼，胡辣汤的味道却是让人称赞，这是本地的一家老店，一碗胡辣汤配上两根油条，吃完感觉浑身充满精力”“羊肉汤其实没什么好说的，只要羊膻味处理得好，汤就是好喝的。现打的油旋，真的太好吃了！焦焦脆脆的，很喜欢”，这些都充分说明了旅游者对河南省美食的喜爱和赞叹。

需要注意的是，在这6项指标中，尽管旅游者认为其实际表现都十分不错，但是仔细进行比较，可以看出“酒店住宿”相较于其他要素，重要性和绩效表现值都偏低。在游记中体现出的关于酒店住宿方面的负面评价主要体现在卫生打扫细节以及工作人员的服务态度上，如“我入住的客房是东西朝向，比较通透，但是窗台上有明显灰尘，白色的窗纱上有明显污渍，差评，有点恼火”“环境确实一般，房间非常小，客厅只有几张沙发。卫生条件也很差，便池很脏，应该很长时间没好好清理了。好像只有一个大姐做保洁，没有人管理，都晚上十一点多了，还有人在客厅大声聊天”。“酒店住宿”这一指标作为旅游活动基本六要素之一，直接影响到旅游者在旅游活动中的直观感受，在今后的建设中需要进一步改进。

第二象限供给过度区的指标要素总共有 6 项，分别为民俗节日（第 5 项）、旅游活动（第 11 项）、智慧旅游（第 12 项）、旅游讲解（第 13 项）、纪念品（第 14 项）以及服务态度（第 17 项）。该象限内指标要素的绩效表现值均高于重要性程度，说明旅游者对这部分要素并不十分重视，却对景区管理部门的表现十分满意，属于“意外惊喜”。这从侧面说明，旅游相关管理部门在一些方面偏离了重点，对旅游者不太重视的项目花费了巨大的精力，在今后的工作中应当注意。

在第二象限的指标要素中，第 5 项民俗节日的绩效表现值最高，说明旅游者对当地举办的民俗节日等旅游活动都较为满意。最为著名的有洛阳的牡丹花会、周口市淮阳区的太昊陵庙会、开封市的菊花文化节等。其中，旅游者对洛阳牡丹花会的描述最多，如“因为第二天要去看牡丹，所以选择离王城公园不算远的地方，在网上预订旅馆。一定要提前订房间，因为花会期间的房间真的很紧张，并且贵。王城公园牡丹花种类较多，种植时间也较久，第一次来看牡丹的还是很推荐的”“来龙门景区游览，一年四季都适合旅游，不同的季节有不同的风景，特别是每年四月的洛阳牡丹花会，洛阳市政府举办各种庆典活动，各景区也有丰富多彩的娱乐活动，真的是洛阳旅游的黄金时期”。更有旅游者为没有在花会期间来洛阳旅游，没有见到洛阳牡丹的全盛之景而感到遗憾，如“机场不大，倒像是个火车站，端午节人也不是很多，机场前方有一个牡丹园，不过牡丹花期已过，再早两个月来正逢牡丹花会，那会儿应该挺热闹的”。

随着互联网时代的到来，越来越多的景区都接入到智慧旅游管理的网络中，旅游者通过手机直接购票、预订酒店和车票，一键完成衣食住行，方便快捷。同时，在旅游活动中，河南省部分景区或已完成、或正在不断完善智慧景区建设，实现微信扫码免费听讲解功能，为旅游者提供更加个性化、智能化的旅游选择。在游记中，许多旅游者对此也表示了惊讶和赞叹，如“终于来到我认为人生必去景点之一的龙门石窟，心也有一点火热。龙门石窟比较人性化，每个中大型的石窟前都可以扫码免费听讲解，一向喜欢听讲解的妻子如获至宝，专心地听着、看着，我乐得清静，正好独自细品”“手机上关注了关林庙的微信公众号，走到一处可以点击讲解，这很人性化。在这种人文景点，如果不了解背后的历史，那还真是没什么看头，只能走马观花”。

除此之外，旅游者对河南省的旅游接待和服务态度（第 17 项）也十分惊讶，认为他们的服务态度和服务意识超前，值得学习，如“离开龙门石窟，驱车前往洛阳华阳广场国际大饭店，走在宽敞、整洁的马路上，洛阳这个不算大的城市，有一种国际大都市的‘范儿’，而到达酒店后，酒店的星级服务也给人一种非常舒服的感觉，这也是整个行程下来给人印象最好的一个城市，后来聊天中还说起来，西安这样的城市应该向洛阳学习，尤其在服务和意识上”。

综合以上对第二象限的指标要素的分析，我们发现，旅游者对旅游相关部门提供的智慧旅游服务很惊讶和赞叹，同时表示河南省人民热情淳朴，服务态度和服务意识好，民俗节日看点十足，在实际旅游活动中给他们带来了“意外惊喜”，这说明旅游相关管理部门在某些方面做过许多工作和努力。但是，由于旅游者对其重视程度较低，因此，对于景区管理部门来说，应该适当降低对这一部分指标要素的关注度和注意力，将更多的精力投到需要重点加强的要素上去。因为旅游者感知到的对指标要素的重要性程度与实际表现的差值，会直接影响旅游者对旅游目的地的感知形象，且该形象一旦形成，就很难改变。①

---

① 郭安禧，张一飞，郭英之，等．旅游者感知价值维度对重游意向的影响机制——基于团队旅游者的视角［J］．世界地理研究，2019（28）：197-207.

第三象限优先顺序较低区的指标要素共有 7 项，分别为天气气候（第 4 项）、拥挤感知（第 10 项）、景区公共服务设施（第 16 项）、景区保护（第 18 项）、景区宣传（第 9 项）、安全管理（第 20 项）以及景区管理（第 21 项），该部分指标由于绩效表现值较低，且重要性程度略低，因此，该部分指标虽然需要加强改善，但是并不十分紧急。第三象限指标主要存在于旅游管理这一主分析类目中。一般来讲，旅游者在旅游活动多专注自身的感受，包括满足旅游的基本要素，如食、住、行、游、购、娱之类，因此，该部分旅游管理相关指标对旅游者的重要性程度较低。同样，该类问题在旅游过程中一旦被旅游者在游记中着重处理，则有两种情况：要么旅游相关部门管理工作极好，为旅游者提供完美的服务；要么则说明在旅游管理工作中出现问题。通过 IPA 分析图，我们可以明显看出旅游者的实际表现值较低，其中第 20 项“安全管理”和第 21 项“景区管理”的绩效表现值最低。在安全管理方面，有旅游者表示在旅游活动中存在安全隐患，如下雨造成的山区道路湿滑、山区野生动物出现，或者山林火灾等特殊原因对旅游者造成的心理上的不安，“突然发现前面游客聚在一起指指点点，我们走近一看，原来是一条一米多长的大蛇蠕动在脚下的石壁上”“听说这次火灾的原因是有人在山上烧烤，木炭可能没完全扑灭便扔到了树林里，那天天热，就直接烧起来了。到了停车场，老板指给我们看那片被烧掉的山头，哎，目测这几年这个山头怕是好不起来了。看到火灾的地方真的离我们很近，如果没及时扑灭，靠近停车场的地方真的会很严重”。

第 4 项“天气气候”、第 16 项“景区公共服务设施”以及第 19 项“景区保护”这三项指标绩效表现值也较低。从游记中来看，旅游者在天气气候要素上的抱怨主要分为两个方面：一是天气原因，大风暴雨以及炎热天气会给旅游活动带来不好的体验，如“天越来越热，能在树荫下找个坐的地方休息都不容易。在登上去看卢舍那大像龛之前，先休息了一下，却见好多人都紧赶着去看最负盛名的景观”“只不过刚好那天在下雨，一地泥泞，更加不能靠近看了，都隔得远远的。有点不能尽兴的感觉”。但是这一原因受不可抗力因素影响，旅游者在旅游活动中只能依据实际情况适当调整自己的行程。二是雾霾天气给旅游者带来的影响。近些年来，由于尾气排放、工业污染等一系列人为破坏因素以及相应的气候环境的变化，雾霾天气越来越严重，地区的气候同样会对旅游业造成一定的冲击，如“对洛阳的第一印象是雾霾还挺严重的”“郑州的雾霾有多严重呢？记得我和家里的朋友描述过每天我只知道天亮了、天黑了，但我从来不知道太阳在哪里。家乡司空见惯的蓝天白云只能抬头望天靠想象，太行山中的郭亮村也不例外，不知道是一直这样，还是天气的原因，我的每一张照片都是灰蒙蒙的，一如郑州的天空”。

在第 16 项指标要素“景区公共服务设施”方面，旅游者的不满主要体现在旅游标识以及网络等基础设施上，这一点同时也在消极情感分析中有所体现，如“这里提示一下，从书册崖快到索道的地方有个岔路口，一边写着‘少林索道’，一边写着‘梯子沟’，这‘梯子沟’可不是什么景点哈，就是下山的路，所以要坐索道的直接右转就好了”“从三皇寨一路走过来都没有栈道的标识”“在多次来到鸡公山的路上我发现，我们的标识做得并不够多，有时会遇到别人向我们问路到景区的情况”。

在“景区保护”这一指标要素中，旅游者认为对文化遗址的保护力度不足，文物盗毁破坏严重，十分可惜可叹，如“从第一石窟走去，沿途佛像无论大小，头部几乎都被人为破坏，要么面目全非，要么整个头部被盗，手掌也大多损毁，有些虽做修复，但整体已然不一，神韵失之大半，但从局部的线条和手工上看，依旧精美震撼。我边看边唏嘘，赞与叹在脑海轮转”“洛阳龙门石窟整个参观过程甚为震撼，但对于其中的盗凿破坏也是深感遗憾，甚至有些愤怒”“看到那些仅剩下佛身的佛像，特别是搜一下被盗的佛头照片，真令人痛心且愤怒”。对于这些残缺，主要是历史遗留问题和一些不可控制的因素。龙门石窟距今已有1500多年的历史，仅其建造时间就长达400多年，历经多个朝代，且龙门石窟建于龙门山上，仅是历经千余年的风化，就对石窟造成了极大的损害。除此之外，政权的更迭、统治者的灭佛运动，使得龙门石窟更是受到极大的伤害。清朝到民国初期，许多文物贩子为了眼前的利益，破坏文物，贱卖到外国，使得龙门石窟又遭受到了一场浩劫。而20世纪30—40年代，民国政府决定从西安迁都至洛阳，为道路便利，在龙门西山下大动干戈，炸毁山体，修建道路，许多石窟文物因此被破坏。新中国建立后，百废待兴，文物保护工作也得到了足够的重视。1961年，龙门石窟被列为国家第一批重点文物保护单位，得到了文物保护工作者们对其独有的呵护与修复。

旅游者对这一部分要素的重视程度与供给过度区相当，稍逊于加强重点改善区，但是对其绩效表现却并不满意，所以，相关管理部门同样应该加强对这一部分要素的改进建设，但改进顺序较低。

第四象限加强重点改善区的要素有两项，分别为消费价格（第9项）和公共交通（第15项），存在于旅游体验和旅游公共服务设施两大分析类目中。旅游者对该部分要素的重视度很高，但是对其绩效表现却十分不满意，因此，该象限内的指标要素亟须重点加强。

在公共交通方面，通过分析发现，旅游者的不满主要集中在景区间小交通以及出租车管理方面；也有旅游者表示，一些地区由于道路施工、电动车管理不力或者地铁修建等因素，交通混乱，即使乘坐公共交通，也有些摸不着头脑。如“坐公交车可以体验一个地方的风土人情，一路上我发现洛阳电动车可多了，而且都是带篷带斗的电动车。男女老少都骑电动车，特别方便。出门买个菜，接个孩子，堵车也不怕，小小的电动车见缝插针。当然，整个城市交通略显混乱”“从少林寺徒步至三皇寨，或者坐缆车上山之后再徒步至三皇寨，出了景区大门，此处是半山腰，没有公共交通，打不到正常的出租车，想下山只能坐黑车”“在景区内还要强制坐段电瓶车”“随后就只能乘坐当地老乡的黑车往返网络取票处和景区正门了，据说是往返 15 元，这其实感觉不好”“因为从郑州东站到郑州市中心，其实还有一大段距离，就想着要么直接打车过去好了，毕竟时间也赶嘛。万万没想到的是，来了多辆出租车，一听我是外地人口音，也不认路，就狮子大开口。还好我一开始查了滴滴的价格，没想到他们大开口的价格比滴滴的价格至少高出 1/3，而且不同意打表，这还是当地正经的出租车呢”。

在消费价格上，旅游者主要认为景区管理部门在一些旅游项目以及景区交通、门票上的价格设置不合理，如“老君山景区内的摆渡车也是要收费的，虽然费用不高，但是感觉不好，一般景区都不要钱”“景区玻璃天桥也是另外收费的（50 元），这个给人的感觉更差了，就是在圈钱”“进景区正门以后坐景区车也收费，感觉也不太好，话说老君山门票也不便宜啊”“绝大部分的原因在于中原福塔的门票贵得有点让大家吃不消，实际上中原福塔上就是一个观景台，并没有太多的项目供游客体验，但是其门票竟然高达 85 元，所以如今游客稀少，淡季时每天的售票量都是寥寥无几”等。对以上两个要素，相关管理部门在今后的规划建设中要十分重视，优先改进加强。

5.1.3 小结

根据以上对河南省全域旅游形象感知研究 21 项指标要素 IPA 分析的结果，可以得出：旅游者对河南省全域旅游感知形象整体评价较好，尤其是对自然风光、历史文化、人文景观、餐饮美食、酒店住宿等指标评价较高，这些指标要素在今后的规划建设中，应该继续保持，使之形成对旅游者源源不断的吸引力，提升河南省全域旅游形象。同时，旅游相关部门应该降低对旅游纪念品、服务态度、智慧旅游、旅游讲解等指标要素的关注度，将对该指标的部分精力倾注到对公共交通和消费价格的关注上，将之作为今后全域旅游建设的重点问题来抓。这两项问题得到明显改善后，继续加强对气候环境、景区公共服务设施、景区宣传等指标要素的改善，提升河南省全域旅游感知形象。

综合 IPA 分析结果和对河南省全域旅游形象感知的词频分析、语义网络分析以及情感分析结果，我们可以发现：河南省旅游资源丰富，历史文化资源尤其突出，品牌影响力较大，全域旅游建设颇有成效。旅游者对河南省全域旅游建设评价整体以积极情感为主，尤其对自然风光、历史文化、人文景观、餐饮美食、酒店住宿等指标要素感知程度较高，对其绩效表现也十分满意，有利于旅游者放松休闲、度假避暑、学习求知，相关管理部门应该继续保持。尽管如此，通过对 IPA 结果以及旅游者对河南省全域旅游的消极情感分析，我们发现仍然存在很多问题，按照改善先后顺序，具体表现在以下几个方面。

第一，旅游公共交通不便。经过 IPA 分析以及情感感知形象分析可以发现，旅游公共交通问题在二者的研究结果中都有涉及。在 IPA 分析结果中，第四象限加强重点改善区中，公共交通是仅有的两项指标要素中的其中之一，且相较于另一项指标“消费价格”，其重要性程度更高，绩效表现值却更低。因此，根据 IPA 分析结果，旅游公共交通问题是当下河南省全域旅游建设中的重中之重。详细分析原始网络游记中有关“公共交通”的参考点内容，并结合对全域旅游消极情感感知形象的分析结果，我们可以发现旅游公共交通存在以下问题。

首先，景区或城郊之间小交通不便，尤其存在于山水景区之间。旅游者从一个景区到另一个景区之间坐不到车，或者从票务中心到真正旅游活动区间有很长距离，但旅游者在淡季甚至找不到摆渡车，非常不便。

其次，旅游交通运输管理松散，治安环境和整体交通氛围较差。在正规旅游公共小交通缺失的景区，由于旅游者有最基本的旅游需求，有需求就有市场，于是当地或周边居民就做起了“黑车”的生意，这些“黑车”并没有去正规部门备案，更没有得到正式许可，就开始接人、拉人。此外，由于这类地区一般都较为偏远，所以该行为还存在极大的安全隐患。除此之外，在机场等地区容易遇到黑车团伙耍手段强制旅客坐车，或者个别出租车欺生、行车不规范、漫天要价的问题。

最后，由于城市规划、修建地铁、电动车无秩序乱行等原因造成的交通拥堵，影响旅游者对城市的整体印象。

第二，收费价格设置不合理。根据 IPA 分析结果，在第四象限加强重点改善区，“消费价格”也是其中一个指标要素。首先，旅游者认为部分旅游项目（比如玻璃栈道项目）或者是景区门票价格设置不合理，价格虚高。其次，旅游者在游记中反映出了一个在全国范围内普遍存在且屡禁不止的问题，就是在节假日或者旅游旺季，各类住宿价格疯涨。

第三，旅游公共服务基础设施建设不完善，旅游体验感差，旅游综合管理有待进一步加强。首先，旅游景区公共基础设施建设这一指标在 IPA 分析图中位于第三象限优先顺序较低区，说明虽然该指标不急于马上改善，但是也应加强重视。在游记中，旅游景区公共服务基础设施建设不完善，首先体现在景区内旅游标识不完善或不清晰，尤其是在自然风景区内，旅游者无法通过旅游标识找到正确的游览线路，只能依靠“感觉”或者向其他旅游者询问。其次，旅游者旅游体验感差主要是由于在旺季旅游时，景区内部不能做好分流引流工作，导致人多拥挤，旅游体验感不完美。最后，旅游景区相关管理部门要加强在安全管理方面的工作，排除旅游安全隐患，同时，加大对气候环境的治理，减少甚至消除雾霾等恶劣天气，还大自然蓝天白云和绿水青山，增强整个城市对旅游者的吸引力。

第四，河南省全域旅游资源整合度较低，旅游者形象感知较片面。该部分结论的提出主要是依据对河南省全域旅游认知形象整体分析的结果，通过词频以及语义网络分析，可以发现旅游者对河南省的历史文化资源感知印象最为深刻，自然风光类旅游资源的词频数量仅为历史文化资源的一半。而且，就河南省在国家全域旅游示范区创建名录中的入选名单来看，共有 26 个市、县、区入选，但是，通过对原始网络游记的深入分析和研究，发现仅郑州市、焦作市以及洛阳市位列前 100 位高频词汇中，排在第 51 位的红旗渠则位于安阳市林州市。其中，洛阳和郑州两个城市出现的频次最多，与其他地区相差巨大。固然河南省是文化大省，底蕴深厚，郑州和洛阳在旅游方面具有显著优势。然而，河南省的自然旅游资源亦是不俗，其他地市也均有旅游特色，如新乡市层峦叠翠的南太行、鲁山县巍峨耸立的尧山、济源市的人文精神、被誉为“天下第一洞天”的王屋山风景区等，旅游者却鲜有涉足。由此可知，当前河南省旅游资源整合度较低，旅游者对其形象感知不全面。

另外，从词频分析结果来看，“照片”“拍照”双双进入前 100 位高频词汇，而除此之外，并没有其他能够代表旅游者旅游休闲娱乐活动的词汇出现在高频词汇中，这足以说明，旅游者来河南省旅游仍然是以观光赏景为主，旅游业态发展类型单一，旅游产品和旅游活动创新性不足，不够丰富。尽管旅游者在游记中对历史文化类资源感知较深，但是大部分游客在体验河南省历史文化时，只是走马观花，将其当作“风景”来看，旅游活动类型单一。这也在一定程度上说明河南省文旅融合研究不够深入，对其背后的文化资源挖掘不足，旅游者对河南省历史文化资源的印象仅仅停留在“龙门石窟”“白马寺”等景点符号上，并不能认识到文物背后的文化内涵，品牌彰显不足。当然，这也从侧面反映出导游的重要作用，旅游管理部门应当充分重视。

5.2 河南省全域旅游形象提升建议

根据上文中对河南省全域旅游建设整体情况进行的分析和研究，我们发现旅游者对河南省全域旅游的整体感知形象仍然有缺陷，河南省全域旅游建设仍然有许多方面的问题，如旅游公共交通不便、交通运输管理松散、旅游治安和管理有待进一步提升、收费价格设置不合理、旅游公共服务基础设施建设不完善、旅游体验感差、旅游综合管理有待进一步加强、全域旅游资源整合度较低、旅游者形象感知较片面、旅游业态发展类型单一、旅游活动及产品创新性不足、文旅融合不深入等问题，说明河南省全域旅游建设任重而道远。当下，河南省旅游业发展应紧跟旅游业态发展趋势，重视全域旅游建设，提升旅游大省整体旅游形象。因此，针对以上问题，本书从以下几个方面，提出具有针对性的建议。

5.2.1 加强旅游公共交通建设，从严管理交通治安环境

旅游交通作为连接居住地和旅游目的地之间的纽带，贯穿于旅游活动的全过程，是旅游活动能够顺利进行的必需条件，同时，也与旅游地的旅游发展水平紧密相连。一个地区的交通便利水平是衡量该地区旅游业发展的重要指标，二者相互联系，相互影响。[①] 因此，完善旅游公共交通体系建设，打通景区间、景点间、城郊间、城市间的交通障碍，对发展河南省全域旅游、提升全域旅游感知形象具有十分重要的意义。

（1）增设各景区、城郊间旅游专线，连接旅游“最后一千米”距离

河南省作为中原腹地，是我国重要的综合交通枢纽，境内纵横分布

① 保继刚，楚义芳．旅游地理学（修订版）［M］．北京：高等教育出版社，1999：98-124.

着连接我国各个方向的铁路干线，省会郑州市更是我国重要铁路干线——陇海线和京广线的枢纽。河南省境内各类交通道路完备，铁路、机场航线、高速公路、普通公路星罗棋布，在城市与城市之间能够保证多种交通方式贯通，为发展旅游业提供了极大的便利和保障。尽管如此，河南省有些远离市中心的偏远县城、城郊等地的公共交通体系仍有缺憾，需要完善城郊、部分景区、景点之间的旅游公共交通，打破城乡障碍，打通旅游的“最后一千米”距离。

河南省许多自然风景区与市区距离较远，部分景区、景点之间交通不便，旅游者若不跟随旅游团活动，大部分都会选择大巴作为交通工具，但这类大巴一般车次较少，从旅游目的地到景区、景点十分不便，且浪费旅游时间。因此，针对此类问题，应该坚持公共交通优先的交通发展战略体系，建立区域覆盖、规模完善、网络化、换乘方便快捷的新型智能旅游公交系统。针对城市与城郊景区距离太远的问题，专门开设景区高强度、多密度的旅游专线公交；针对旅游淡旺季，合理调整车次和发车频率，并根据实际情况开设夜间旅游专线，延长末班车时间，减少游客等待时间。另外，针对旅游专线，对公交车外形以及环境进行特色设计，要求符合沿线站点景区的特色，增强旅游者对旅游目的地的印象。

针对部分景区、景点之间距离过长以及景区内票务中心距离景区正门过远的问题，可以适当启动旅游共享电动车以及旅游共享单车计划。随着网络时代 2.0 的到来，基于位置的服务（LBS）、动态算法定价等技术越来越纯熟。自 2014 年以来，摩拜、ofo 等一系列国内共享单车平台迅速崛起，极大地方便了人们的生活，打通了公共交通工具的“最后一千米”。因此，针对景区售票处与景区正门的距离过长的问题，完全可以启动共享单车计划，旅游者可以随意选择自己的行程路线，走走停停，自由享受路边的美景。

同时，针对景区面积过大而对旅游者产生的不便，除共享单车外，建议相关管理部门根据科学的游览路线，结合旅游淡旺季，合理设置旅游观光摆渡车，免费为游客提供乘车服务，提升旅游者的旅游体验感。

（2）统一旅游交通规范，加大惩处力度

不少旅游者在原始网络游记中提到“黑车”“出租车司机欺生、宰客”的现象，在一些机场以及火车站附近，甚至存在团伙作案拉黑车的现象，严重影响了旅游者对河南省旅游的形象观感。针对这一公共交通方面的治安管理问题，从旅游相关管理部门、旅游景区以及旅游者三个方面提出具有针对性的建议策略。

首先，旅游相关管理部门应制定相应的管理办法或条例，对旅游相关交通司机等服务人员定期开展培训，进行考核，并对考核不合格者进行一定的惩罚。设立电话、微信等公众监督平台，并在车窗等明显位置张贴举报电话，接受旅游者 24 小时举报，违法者一经发现，绝不姑息。受理相关案件后，对旅游者进行回访，告知处罚决定，并向旅游者致歉。其次，旅游景区可同时设立监督同盟会，共同巡逻、监督景区周边的违法行为，如黑车无许可拉人、出租车漫天要价宰客等行为，一经发现，严厉惩处，并视情节严重程度，将所犯过错进行公示，规范旅游交通秩序。最后，旅游者自身应该加强安全防范意识，不乘坐不具备资质的交通工具，同时也成为旅游交通的监督员和维护人，遇到紧急事故或不合理事件，寻找合适的方法维护自己的权益。

针对旅游者在游记中提到的由于道路修建以及地铁建设而造成的交通堵塞、秩序混乱等问题，首先，相关部门应该督促施工部门，加快建设进度，以便为游客和当地市民提供更加快捷、方便的道路通行条件。其次，在上下班高峰期以及旅游旺季，鼓励市民和旅游者多乘坐公交、地铁等公共交通工具，并设立一系列奖励，如若公司员工完成一定时间内的公共交通的打卡任务，公司和政府会向个人下发勋章等小奖励，或者在旅游旺季，实行公交、地铁票价打折等优惠活动，减轻道路交通压力。最后，针对施工区域，要严格进行卫生清查，维护道路整洁。重视城市修路围挡建设，统一使用干净整洁的围挡造型，并制作突出本市特色的标语或者绘画，消减旅游者对因城市修路造成的不满情绪。

5.2.2 规范景区价格管理，扼杀天价收费

旅游者出于旅游观光的目的，以游山玩水的形式离开常住地来欣赏其他地区自然风光、名胜古迹等，该类型旅游者一般称为观光型旅游者，是当前旅游市场最为常见的一种类型。观光型旅游者在旅游活动中更倾向于知名度高、形象较好的旅游目的地，出游形式多种多样，自由选择度较高，在旅游市场中的消费能力较低，因此，该类型游客在旅游活动中对价格十分敏感，价格的轻微波动都能够引起观光型旅游者的注意，因此，景区物价水平的高低会直接影响到其对旅游目的地的整体形象感知。①

同时，良好的旅游市场氛围和规范的定价标准是实现旅游业可持续发展的前提和保障。研究发现，不少旅游者对河南省旅游相关产业的发展环境提出了问题，还有旅游者在物价水平方面提出质疑。这主要表现在景区内旅游项目的收费方面，有些旅游者认为旅游景区门票太贵，真实旅游感受并不值这个价格；有些旅游者反映存在二次收费现象，游客认为既然已经购买了价格昂贵的景区门票，园内某些项目就不应该再额外收费，尤其是在旅游项目实际价值与价格严重不符的情况下；还有旅游者表示不敢在旅游景区内消费，物价水平太高，几乎是一般价格的 4~5 倍，各类常见物品都被卖到了天价。凡此种种，都不利于当地旅游业的

---

① 王颖异．基于网络文本分析的古村落旅游地形象及游客体验质量研究［D］．武汉：华中师范大学，2020.

可持续发展。

全域旅游的一大特点就是要促进旅游经济从门票经济向产业经济发展。因此，针对此类问题，首先，旅游景区管理部门应当仔细考虑旅游者的需求，创新旅游项目，提升旅游产品的内在价值，正视旅游者的合理需求。其次，旅游管理部门应定时、定期对旅游者进行民意调查，可以采用实地问卷、调研走访、电子问卷或者电话访问的形式，向一段时间内在该景区旅游的旅游者征集意见建议，请旅游者对景区内相关物价水平做出真实评价，尊重旅游者意愿，及时调整。最后，物价局等相关部门在对物品定价时，要成立专案小组，不能“一刀切”，要对不同景区按照实际情况实行差别定价。定价时，除了要将相关标准作为依据之外，还应该根据旅游市场进行灵活调整。对物品定价完成后，要将相关信息进行公示。同时，在相关景区布告栏、微信公众号等明显位置，公布景区内相关物品的定价标准，明码标价，令旅游者心中有数。景区管理部门也应该在景区旅游公众号内开设监督举报栏目，及时监察旅游项目收费，营造良好的消费环境。

5.2.3 完善基础设施建设，加强旅游环境安全管理

基础设施建设是否完备，是否能够满足旅游者的基本需求，会直接影响旅游者对旅游目的地的第一印象。在对河南省全域旅游感知形象的研究中，笔者从原始网络游记中发现，河南省在全域旅游建设中公共服务设施建设并不完善。

第一，在旅游标识的设置上，有不少旅游者在游记中表示无法依靠旅游标识正确识别旅游路线，只能“凭感觉”或者“向别人问路”，极大地影响了旅游者对旅游目的地的感知形象。针对这一问题，要对所有景区内的旅游标识进行摸底排查，根据正确的旅游线路，按照准确规范、布局合理、无歧义的指导原则，查漏补缺，将旅游标识补充完整。

同时，在查漏补缺的过程中，对所有字迹不清、标识不明以及未更新过的与旅游相关的标识进行整改，如旅游交通引导标识、城区旅游公共标识、旅游景区标识等。对旅游标识图的设计也应重视，一个旅游城市中所有的指示牌在大小、颜色、图案、字体等方面应尽量保持一致。另外，应特别注意的是，旅游标识在设计时不应太过复杂，应以简单明了为主。针对旅游者极容易迷失方向的岔路口等地点，除传统的旅游标识牌之外，还可以设立大型 LED 电子屏幕，将该点周围的路线以 3D 导览图的方式呈现出来，不仅如此，还要尽量在导览图中标明各个路线途经的商店、饭店、公园等旅游者需要的信息，使旅游者能够选择出合适的旅游路线。若景点地理位置偏僻，屏幕放置不便，则可以采用传统的提示方式，但是应该注意标识放置的位置。

第二，河南省知名景区众多，在旅游旺季，大量游客蜂拥而至，给景区管理工作带来极大的压力，也给旅游者的实际旅游体验造成极大的影响。如旅游景区人潮汹涌，使得摄影爱好者无法获得完美的摄影体验；一般旅游者在景区观赏美景时，也无法一览全貌，只能看见一望无际的“人海”。针对这一问题，景区管理部门首先应该对景区的游客承载量有一定的认知，在旅游旺季应该采取线上预约和线下售票相结合的方式，明确一天之内能够进入景区游览的人数，向游客发布详细信息，告知线上预约平台、预约步骤以及相关注意事项，旅游者凭预约信息入场。综合考虑部分旅游者对线上操作步骤不熟悉等原因，将剩余名额留给线下售票窗口，一旦当天门票全部售出，立即停止售票，使旅游景区实现健康、良性、可持续发展。

旅游相关管理部门也应当抓住互联网以及大数据技术带来的契机，在打造全域旅游形象的同时，深入挖掘智慧景区建设，从智慧旅游景区硬件、软件以及功能要素三个方面打造智能化基础服务设施，增强旅游者的旅游体验。[1] 硬件包括基础网络建设、物联网平台等，提高旅游者的便捷程度；软件包括各类大数据储存、处理、发布系统，安全管理系统以及自动办公系统等，提升旅游管理部门对景区、旅游者以及自我的管理能力，实现高效率的智慧化旅游管理和旅游资源的共同共享。从硬件和软件两个方面完善旅游基础公共服务设施后，在功能要素上，利用大数据技术，实时监测旅游者的需求变化，在旅游者做出实际旅游行动前，对其未来的行动路线按照一定的算法进行预测，预知可能会出现“超载”的旅游景点，提前做好应对准备，并将其发布在景区内的售票处、服务中心等醒目位置，给旅游者参考。同时，在旅游景区的各个景点内，也应配备相应的电子设施，实时动态显示各个景点的人流情况，让旅游者选择人数较少的旅游景点进行游览，及时规避因为旅游者众多而带来的不好的旅游体验。

第三，在安全管理方面存在的疏漏，主要表现在山水类自然风景区。该类景区本身就存在一定的危险性。爬山栈道多为石质，且有些是悬崖峭壁，台阶陡峭，本就危险，一旦遇到雨雪，道路更是湿滑，因此，有家庭出游的游客会担心出现意外事故。一般山林中会有蛇虫类野生动物出现，也存在一定的安全隐患。在山林众多的地区，一般春、秋季天气干燥，降水少，易发生森林火灾，在游记中有旅游者提出对此类安全事故的担忧。针对以上旅游者提出的安全防护问题，同样要借助“互联网+”智慧景区的管理模式，完善旅游景区安全保护机制，实现对旅游景区文物和旅游者的双重保护。

首先，针对景区文物的保护工作，景区管理部门应当成立安全监管小组，制定应对突发事件的安全预案，建立追踪监控系统，做到提前预防、及时发现、最优处理、反馈追踪，为旅游者提供安全的旅游环境。

---

① 朱艳萍，林炜铃．“互联网+”时代智慧旅游景区供应链结构要素创新［J］．智能建筑与智慧城市，2019（11）：36-38.

在硬件设施上，同样要利用智慧景区的建设模式，完善旅游景区全方位监控系统。景区的历史文物全都为不可再生性资源，具有不可复制、独一无二的特点，一旦遭到破坏，就无法完全修护，且无法再获得。因此，历史文物的保护工作也一直是旅游相关管理部门和文物保护工作者的重要任务。面对如此重要的历史文物，除了在文物周边放置“请勿触摸”“请勿靠近”的工作牌、修建栏杆或者依靠景区工作人员巡视进行监督保护之外，还应该利用最先进的科学技术进行智能辅助。景区管理部门联合相应技术人员，完善景区监控系统，利用红外光栅、射频识别、脉冲围栏、全球定位系统等技术和工具，对景区内情况实行全方位、全时段、全空间的监控，并且利用网络技术，将监控影像传输至景区控制中心的主屏幕。一旦文物状态出现异常，实时检查，实时解决问题。除此之外，该系统还能够对景区管理人员提出预警，系统中设置的红外感应等装置能够识别任何有温度的个体，在火灾预警、预防野生动物、监测山体滑坡等工作中具有显著作用。在旅游活动中，一旦有旅游者不按相关指示牌文明游览，系统能够立即报警，迫使旅游者停止不当行为。同时，该系统还能够自动上传做出不当举动旅游者的头像照片至云端数据库，[①] 并将其信息共享到所有景区管理系统。若该旅游者在旅游活动中做出不文明举动次数超过系统上限，将会直接被限制出游，直到其去旅游相关部门接受处罚以及教育后，才能够“清零”，从根本上杜绝不文明旅游现象。

其次，针对旅游者的人身财产安全管理工作，同样要利用该系统。该系统的全方位监控电子眼功能能够对景区以及旅游者进行全方位防护。旅游者的贵重物品若不慎丢失，上报工作人员后，利用监控系统的记忆功能，能够快速锁定受害者周围情况，根据图像照片找到犯罪嫌疑

① 李少华. 景区高清智能安防系统解决方案［J］. 中国公共安全，2016，(3)：12.

人信息，辅助警察破解案情。同样，当旅游者的生命安全受到威胁时，如有翻越栏杆、护栏，在禁止游泳区域游泳等行为，系统直接联通景区安保部门，安保部门工作人员根据实时传输画面，按照安全预案管理办法，进行险情分析后，视情况做出相应的救援行动，切实保障旅游者的人身安全。

最后，由于我们生存的大气环境越来越差，雾霾天气较多，尤其在冬日，厚重的雾霾遮掩住蓝天白云，灰蒙蒙的天气直接影响旅游者的整体旅游体验，也给人们的身体健康带来极大的危害。缓解城市环境问题不是一朝一夕就能够解决的事，需要所有人共同努力，持之以恒。城市管理部门要严查相关生产企业，勒令不符合环保标准的企业限期整改，整改合格后才能继续生产，污染严重型企业立即关停。同时，鼓励相关企业使用环保材料、环保工具代替传统材料，对优先响应政策的企业提出表扬和物质奖励。成立监督管理部门，不定时对企业进行调查走访，避免个别企业“故态复萌”。在旅游活动中，同样可以将“旅游+环保”联系起来。旅游服务供应商可以设置科学的“绿色环保”游览路线，组织大家以骑行等方式为环保助力；还可以提供主题为“环保+公益”的研学旅游路线，推荐家庭型游客参加，既能在旅游过程中放松心情，还能从中获得极大的教育意义。除此之外，旅游服务供应商可以组织类似“认领一棵树”的活动，吸引旅游者参加，将其与公益相连，做大品牌，吸引更多人加入环保事业。

5.2.4 整合全域旅游资源，丰富旅游感知形象

河南省历史文化底蕴深厚，是华夏历史文明之源，地理位置优越，自然景观荟萃，全域旅游资源丰富，旅游者对河南省全域旅游建设整体评价以积极情感为主，满意度较高。但通过对河南省全域旅游整体认知形象的综合分析，发现河南省全域旅游资源整合度较低，旅游呈现两极

分化式发展。知名度高、形象好的旅游城市对旅游者的吸引力较高，旅游者就更倾向于去该类旅游景区游览，旅游消费拉动城市整体经济增长，再反作用于旅游业的发展，形成正向循环。即旅游业发展较好的城市的旅游发展后劲更足。知名度较差的旅游景区或者城市对旅游者的吸引力不够，尽管旅游业在一定程度上有所发展，但是收益并不明显，经济效益增长缓慢，同样反作用于旅游业的发展，那么该循环就变成了负向循环。另外，通过对原始网络游记的深入分析发现，旅游者对河南省历史文化资源和人文景观形象感知最为深刻，而对自然风景类旅游景区的感知较浅，整体对河南省全域旅游形象感知较为片面。旅游者在旅游目的地的旅游活动仍然以传统的观光赏景、摄影拍照为主，旅游产品及旅游活动创新性不足，也从一定程度上说明了河南省全域旅游发展不均衡。

为更好地进行全域旅游建设，提升河南省旅游形象，必须全方位整合优化旅游资源，创新旅游活动形式，丰富旅游业态发展类型，多元化扩充宣传渠道，全方位提升旅游景区知名度，注重专业人才培养，保持旅游业持续健康发展。

（1）创新旅游产品形式，深化文旅融合

文旅融合发展是提升旅游品质、传播文化内涵的重要途径，是实现旅游业高质量发展的重要选择，有利于提高地区旅游经济发展软实力、扩大文化的对外影响力。[①] 河南省历史文化旅游资源丰富，为深入发展文旅融合提供了有利的条件。但是由于旅游目的地的旅游活动形式比较单一且宣传手段有限，旅游者对河南省历史文化资源感知印象最深的仅是旅游景点这一载体，对它们背后的历史文化价值和底蕴都不甚了解，城市文化旅游形象彰显不足。

---

① 杨彦平．河南省全域旅游背景下的文旅融合发展思考［J］．区域治理，2019（40）：19-21.

全面进行全域旅游建设，深化文旅融合，使河南省优秀的旅游资源能够得到旅游者的高度认可，优质、丰富、脍炙人口的旅游产品和活动必不可少。同时，好的产品和富有创造力的活动形式亦是一种传播方式，旅游者感到满意，会将旅游活动中的见闻告知亲朋好友，对提升旅游目的地在潜在旅游者心中的认知形象极为有利。

因此，要从全域旅游的角度出发，深入挖掘文化旅游资源，推进文化旅游建设，打造河南省历史文化旅游 IP，创新旅游业态发展新模式，构建文旅融合新体系。

首先，让博物馆中的历史文化知识“活”起来。依托河南省郑州市和洛阳市的旅游资源和知名度优势，建立郑汴洛深度全域文化旅游示范区。郑州作为河南省省会城市，更是商都文化、嵩山少林功夫文化的发祥地，首批中央、地方共建的国家级博物馆之一的河南博物院也坐落在郑州。河南博物院始建于 1927 年，馆藏文物丰富，史前文物、商周时代青铜器、陶瓷器具和玉器独具特色。现有藏品数量超 13 万件，其中，国家一级文物和国家二级文物共 5000 余件，兼具历史文化价值和艺术价值。其中一部分文物极具历史意义，被称为“国之重器”，如出土于新石器时代裴李岗文化时期的贾湖骨笛，西周时期的玉柄铁剑，春秋时期的莲鹤方壶、云纹铜禁，商朝的妇好鸮尊、杜岭方鼎，唐代的武瞾金简等。[①] 洛阳作为十三朝古都，被称为“博物馆之都”，有古代艺术博物馆、民俗博物馆、唐三彩工艺博物馆、石文化博物馆、牡丹瓷博物馆、碑志拓片等博物馆将近 70 座。

如何让博物馆中的历史文化知识“活”起来呢？首先要打破旅游者经常提到的唯导游模式，让旅游者不仅能够听，能够看，还能够亲身体验。针对历史文物类博物馆，可以依据 3D 影视、VR、AR 等虚拟技

① 百度百科．河南博物院［EB/OL］. https：//baike. baidu. com/item/%E6%B2%B3%E5%8D%97%E5%8D%9A%E7%89%A9%E9%99%A2/529742？fr=aladdin#3. 2021. 03. 09.

术建造专门的历史体验馆。旅游者借助相关工具，就能够“穿越”回古代，亲眼见证文物的建造过程，了解文物背后的历史背景，见证王朝的兴盛与衰落，提升参与感和满足感。针对手工艺术类博物馆，如民俗博物馆、石文化博物馆等，除了要在博物馆中展示实体文物，还应该将工艺流程或者技术演示出来。如民俗中的剪纸技艺，可以在场馆中单独设立剪纸手工体验区，聘请专业老师为感兴趣的旅游者讲解简单的操作技巧，鼓励旅游者自己进行手工创作，作为旅游纪念品。碑志拓片博物馆就在体验区现场进行相关工作，让旅游者看到制作过程，增长知识。同时，针对当前我国不少非物质文化遗产后劲不足的现状，还可以定期邀请非物质文化遗产传承人在体验区展示，在一定程度上提升非物质文化的知名度，促进非物质文化遗产的保护和传承。

其次，借鉴北京故宫博物院文创产品的经验，开发设计独特的文创周边产品，打造河南省文化 IP 品牌。所谓文创产品，全称为文化创意产品，即通过创新人的智慧、想象、艺术创造力、技能和天赋，并借助相关的科技对传统的历史文化资源或产品进行升级和改造，打造出具有知识产权的高附加值产品。故宫博物院始建于 1925 年，依托于明、清两个朝代的皇宫以及其内收藏完好的各类藏品，成为我国最大的古代文化艺术博物院。随着我国近年来不断出台的文化产业相关政策，作为我国最大体量的文化 IP，故宫博物院也逐渐开始了其文创产业的发展历程。

2008 年，故宫博物院成立了文化创意中心，开始了其文化创意产品发展历程的第一个阶段。2008 年正值我国举办奥林匹克运动会的特殊时期，故宫文化创意中心推出了餐桌、床榻、靠垫、披肩、服饰、手包六大系列产品，成功举办了“天朝衣冠展”。自 2010 年以来，随着国家对文创产品的重视，越来越多的博物馆开始进行文创设计，为避免产品同质化严重，也为打出自己的特色，故宫文创中心不断探索和改进，开始进入了故宫文创产品发展的第二阶段。从“朝珠耳机”产品开始，故宫文创这一IP品牌就大放异彩，不断拓宽自己的艺术风格，既能大方持重，又能活泼可爱。一系列产品也不再拘泥于特定的种类，而面向我们日常生活中常见的产品，如服饰、摆件、美妆、工具、书籍等。2016年，纪录片《我在故宫修文物》播出，通过修复师精妙的技术，一件件冰冷的文物都变得有温度、有感情了起来。故宫文创产品更是得到了极大的关注度，发展异常迅速。现阶段，故宫博物院的开发设计工作已经进入第三阶段，开始创效增收。2019年初，故宫博物院文创账本显示销售收入达到了15亿元，比15家上市公司的总收入还要多，在淘宝、天猫等线上购物平台开设多家商业店铺，粉丝数已逾千万人。

故宫文创产品的走红和产业业态的形成让我们思考其成功的关键因素。故宫文创不忘历史文化的本质，尽管生产的是我们日常生活中并不起眼的小物件，但通过寻找、挖掘故宫文物中所蕴含的独特的传统文化要素，将其植入到每个系列产品的创意设计中。除此之外，故宫文创中心极其重视产品外观的设计，专门邀请清华大学美术学院平面设计开发研究所制定包装指南，确保每一件物品都能做得到时尚与传统文化的结合。鉴于以上成功的开发经验，河南省博物院及相关博物馆可以群策群力，在文创产业上少走弯路，着眼于传统的、有代表性的历史文化要素，开发设计相关产品，打造河南省博物院的大文化IP品牌。

最后，打造夜间旅游活动，丰富旅游内容。随着旅游消费水平的提高以及旅游消费群体的转变，越来越多旅游者的旅游作息时间产生了变化，倾向于晚上出游。为了迎合旅游者这一观念的转变，旅游服务供应商同样应该转变思路，设计出适合夜间游玩的旅游项目。因此，旅游演艺项目应该被广泛推出。

旅游演艺具有独特的地域属性，演出的故事内容能展现当地文化特色。旅游演艺可以不拘泥于一定形式的演出场所，可以在多功能的大型剧场里演出，也可以跳出房子和墙的约束，依托外部独特的自然风光进行表演，还可以在主题娱乐公园中为旅游者提供欢乐。旅游演艺不是免费的公益演出，一般来说，大型旅游演艺项目的收入能够作为景区收益的保障点。除此之外，旅游演艺能够产生巨大的溢出效应，一般旅游演出的时间多在晚上，且时间较长，结束时间晚，旅游者为观看旅游演艺项目，大多会选择留宿一晚，其间产生的住宿、餐饮、娱乐等费用能够为当地的旅游带来高额的经济收益。

我国的旅游演艺项目开始时间较晚，一直到2004年，才迎来旅游演艺项目发展的高峰时期。其中，张艺谋任总导演的《印象》系列演出，就是极为成功的精品旅游演艺项目。2004年，由张艺谋、王潮歌、樊跃组成的主创团队，应地方政府和投资方委托，相继为广西桂林、云南丽江、杭州西湖、海南岛等地打造了《印象》系列山水实景演出，分别为《印象·刘三姐》《印象·丽江》《印象·西湖》《印象·海南岛》。第一场《印象》在广西桂林正式演出后，在旅游者当中好评如潮，票房收入令人叹为观止。我国至今已有逾200台大型旅游演艺节目相继公演，旅游演艺业已从早期的产品设计向着品牌化方向快速发展。① 河南省于2007年推出了第一个大型实景演出项目《禅宗少林·音乐大典》，该项目以嵩山少林为背景，基于佛教文化，将少林武术、音乐、舞蹈等多种表演形式融为一体。随后，河南省又分别推出了以北宋历史和老君山道教文化为基础的两项大型实景演出《大宋·东京梦华》和《君山追梦》。除了以上的山水型实景演出之外，河南省还设计了剧场类的演艺节目，如《风中少林》等。

尽管河南省斥巨资打造了几项旅游演艺项目，效果却并不明显。在将近300篇游记中，并没有旅游者提到该类型的演出，却有不少旅

① 黄炜，何思，黄楠．旅游演艺品牌形象的结构化与非结构化研究——以张家界“魅力湘西”为例［J］. 资源开发与市场，2015，31（2）：227-230+238.

游者对景区中安排的小型表演十分感兴趣，且十分满意。因此，各大景区在进行夜游活动产品设计时，可以将大型的、表演时间较长的山水类实景演出转变为“连续剧”形式，将演出分散在旅游的各个时间段，注意时间密度的划分，尽量集中在下午至晚上，让旅游者产生一种“一张门票可以从白天玩到晚上，还可以看很多场演出，自己占到便宜”的心理，延长旅游者在景区的逗留时间，刺激旅游消费，同时也能提升旅游者的参与感和满足感。除了合理地安排时间外，还应该注重演艺内容的质量，在节目设计上，遵循产品设计的文化性、主体性、多元性、品牌性和市场性等原则，打造旅游者喜欢的精品旅游演艺节目。同时，景区内还应该多利用灯光、音乐、山水等元素创新夜间旅游活动形式，与旅游演艺剧场相互配合，相互促进，共同满足旅游者夜间的旅游需求。

（2）精准“帮扶”，优势互补，共同进步

通过对原始网络游记的深入分析，我们可以发现，河南省全域旅游发展不均衡，以郑州、洛阳为主，焦作市、林州市的全域旅游建设知名度更高，形象更容易被旅游者感知，而其他国家全域旅游示范区创建名录上的旅游形象，旅游者的感知不明显。针对这种情况，要利用好知名度高、形象较好的旅游城市的影响力，以“闻名”拉动“无名”，促进“以大带小”的优势互补，精准帮扶，使得旅游业在河南大地上“遍地开花”。

要想实现以上目的，首先要搞清楚河南省26个国家全域旅游示范区创建单位的优势在哪儿。众所周知，郑州市作为河南省的省会城市，无论是知名度，还是旅游资源的丰富程度，在河南省全域都是首屈一指的。作为中国八大古都之一，郑州市积淀了深厚的商都文化、少林佛教文化、黄帝文化。除此之外，位于郑州市和洛阳市之间的巩义市还有极具特色的民居建筑。同时，郑州市还是十分现代化的时尚都市，修建了满足旅游者休闲娱乐的购物风情街，拥有便利的航空港区免税购物优势，打造了现代旅游休闲多功能示范区。同样是中国八大古都之一的洛阳市，作为汉唐文化的代表，旅游资源十分丰富，有龙门石窟文化，有被称为“释源祖庭”的白马寺佛教文化，有作为道教文化发源地的栾川老君山，有源远流长的关圣文化，同时洛阳市还是丝绸之路的东方起点。洛阳市除了历史文化资源丰富，还有繁盛的自然旅游资源。位于伏牛山北麓的嵩县有著名的白云山、河南省首家原始生态旅游区木札岭，以及层峦叠嶂、绿荫如盖的飞来石天池山等。洛阳市孟津县还是河洛文化之源，河图洛书就是从这里发源。焦作市有中原地区唯一的影视基地——焦作影视城，博爱县有被称为“北方三峡”的青天河风景名胜区，修武县有全球首批世界地质公园云台山、中国唯一一处以佛教圆融思想命名的千年古刹——圆融无碍禅寺。人类“改造自然，利用自然”的一大杰作——红旗渠·太行大峡谷景区位于安阳市林州市，被定为全国一百个爱国主义教育基地之一。济源市的旅游景点同样数不胜数，黄河三峡、五龙口、银河峡等景点都位于此地，愚公移山的故事也是从此地的王屋山风景名胜区流传开来。平顶山市鲁山县的尧山—中原大佛风景区是国家 AAAAA 级旅游景区，兼具自然旅游资源的奇峰怪石和人文旅游资源的辉煌壮阔。平顶山市汝州市有众多的文物保护单位，存有新石器时代的至夏遗址，分别位于汝州市眉山公园和李楼村。舞钢市则有二郎山风景区、石漫滩国家森林公园、冶铁遗址群等景点。

南阳市西峡县伏牛山老界岭·恐龙遗址园旅游区峰峦叠嶂、气势磅礴，龙潭沟生态旅游区被誉为“中原一绝，人间仙境”。南召县宝天曼景区是南阳伏牛山世界地质公园的核心部分，被喻为“天然物种基因库”。信阳市新县是我国著名红色文化教育基地，这里有鄂豫皖苏区首府革命博物馆，陈列了革命文物 1130 件，包括军事用品、文献资料等，是河南省现存规模最大的县级革命博物馆。商城县有“天然氧吧”黄柏山国家森林公园。鸡公山位于信阳市浉河区，素来有“青分楚豫、气压嵩衡”的美誉，也是我国四大避暑胜地之一（其他三处是庐山、北戴河、莫干山）。河南省许昌市魏都区的曹丞相府是三国文化景点的重要组成部分。鄢陵国家花木博览园具有草木展览、商业交易、科学研究和生态旅游等多种功能。三门峡市卢氏县因其独特的地理位置，有著名的汤河温泉，流传着非常古老的“裸浴文化”。除此之外，还有玉溪大峡谷、熊耳山景区、玉泉山风景区等。灵宝市有中国历史上建制最早的雄关要塞之一——函谷关，还有小秦岭国家级自然保护区、娘娘山风景区、鼎湖湾风景区等。新乡市辉县最为出名的自然旅游风景区是被誉为“太行之魂、中华风骨”的里沟景区、“世外桃源”万仙山景区和太行山最美的一段——九莲山景区，辉县还有河南省最大的、保护最好的古园林建筑群百泉景区。鹤壁市淇县有以战士文化为主题的云梦山景区，有《封神榜》故事的发生地古灵山风景区。商丘市民权县的人文景观主要以庄子文化为代表，有庄子文化旅游区、庄周故里、庄周陵园等。除此之外，还有众多遗址古迹，如新石器时代李岗遗址、李馆地道战遗址、吴岗遗址、牛牧岗遗址等。

了解清楚每一个全域旅游示范区创建单位的优势之后，根据各个地市不同的旅游特色，设计全域旅游特色精品路线。

首先，充分发挥旅游资源知名度高的旅游城市和景区的优势，整合其旅游资源，强强联手，带动其他地区发展。如依托郑州国家中心城市建设，整合郑州商周文化、黄帝寻根文化、洛阳副中心城市的龙门石窟文化遗址、白马寺佛教文化园等代表性文化旅游资源，并与开封市宋文化、朱仙镇木版年画非物质文化遗产相结合，发挥郑州市、洛阳市知名度较高的旅游优势，带动开封市文化旅游发展，打造郑汴洛全域文化旅游示范区。同时，针对旅游者对河南省自然旅游资源感知程度较浅的问题，仍然可以将较为出名的洛阳市石窟文化、佛教文化整合栾川县老君山、嵩县白云山等自然旅游资源，打造综合旅游示范区。依托郑州、开封、洛阳便利的交通枢纽和地理位置优势，优化空间战略布局，着重建设连接中心城市和区域特色旅游景区的通道，形成“三位一体”郑汴洛旅游廊道，最终使得郑汴洛旅游事业一体化、全域化发展。

其次，则可以发挥知名度较高景区的辐射功能，将各个地区旅游资源中的共同点作为纽带，设计同一主题，实现旅游业的“精准扶贫”，做到优势互补，互相促进，共同进步。如为同样作为中国古都的郑州、开封、洛阳、安阳四座城市，设计主题为古都文化的旅游线路，以郑州、洛阳、开封的名气带动安阳的旅游活动，让旅游者感受古都的文化氛围。将红色革命精神作为研学旅游的主题，发挥河南省博物馆、二七纪念塔、红旗渠景区的辐射功能，带动鄂豫皖苏区首府革命博物院、李馆地道战遗址和王屋山风景区，将郑州、安阳、信阳、商丘、济源相连，让旅游者学习中华文明，传承人文革命精神。以中国功夫文化为主题，打造以郑州、焦作为主的功夫文化精品旅游路线，塑造功夫之都、太极圣地的城市形象，吸引世界各地的游客前来参观体验。依托南太行旅游区优美的自然风光，打造以红旗渠·太行大峡谷景区、新乡八里沟景区、万仙山、焦作云台山景区为主的南太行自然风景线，欣赏自然风光，享受心灵放松。

最后，除了要发挥知名度较高的旅游城市的辐射作用，以不同主题带动其他景区发展之外，还可以借助外部工具的力量，将所有景区“绑定”，实现全域景区共同发展，即设立河南省省域旅游一卡通。河南省不少城市都有属于自己的旅游年票，如洛阳市、开封市的年票中包含该市所有的旅游景点，旅游者购买年票，则可以享受所有景区在规定时间内免门票的优惠。既然如此，可不可以将河南省所有地区的旅游景点都包含进去呢？旅游者拥有一卡通，就可以在限定的时间内无数次进出景点游览。同样的，为提升冷门景点的旅游热度，将一些热门景点和冷门景点绑定，让旅游者自由选择，自动形成旅游线路，另外设置一个时间段，在该时间内若能够完成该路线所有景区景点的打卡，旅游者将会得到一定的奖励，如获得下次购买一卡通的折扣，或者延长该一卡通的使用时间，或者是免费为旅游者提供某一旅游演艺项目的门票，这样会在一定程度上提高旅游演艺的上座率以及相关项目在旅游者中的知名度。同样，若该一卡通制度效果良好，可以对该制度进行升级，如一卡通可以与河南省内所有的交通系统联通，旅游者在河南省内只要申请过一卡通服务，就可以使用该卡完成所有的地铁、公交支付，从而实现真正意义上的河南省“全域”旅游。

（3）拓宽宣传渠道，多元化开展宣传营销

无论创新出多么具有创造性的旅游活动，或者是设计出多么精美的旅游线路，若是不能将其顺利地推广宣传出去，那么，对河南省区全域旅游形象的提升就是毫无帮助的。

首先，多元化开展全域旅游宣传营销工作，转变宣传的思想方式和理念，不能按照之前的旧思想、旧想法，依然只利用电视、广播、报纸等传统媒体进行宣传，还应借助互联网技术，与新型营销方式相结合。其次，转换宣传方式和理念，不能一味地为了宣传而宣传，可以借助相关的载体，依托已能够被旅游者深刻感知的较为成熟的人文景观资源，将人文资源与自然资源相结合进行宣传。如将自然景观赋予人文色彩和底蕴，如举办书画展、艺术比赛、舞蹈艺术展等活动，将充满诗意与文化气息的展览与优美的自然环境相结合，通过对艺术比赛、书画联展等活动的宣传，从侧面带动旅游景区的知名度。

其主要宣传方式有以下几种。

第一种就是借助新媒体，完善官方宣传渠道，主要包括微信公众号、微博账号、官方网站、App 等，并安排专业人士打理，定期在各大官方账号推出相关旅游活动或者旅游者关注的信息，提高关注度。

在宣发之前，各景区相关部门一定要注意推广内容的质量，要重点突出、活泼有趣、可读性强，不能一味地以解释说明为主。在开发旅游景区专属小程序或者 App 时，相关界面的设计也一定要简单明了、可操作性强、特色鲜明，多增加与旅游者互动的板块，同时，一定要设置在线疑问解答区或者热线电话，随时为旅游者解决问题，缩短与游客的距离。

第二种则是通过抖音、快手等自媒体平台，邀请话题关注度较高的主播，如粉丝数量众多的微信公众号、抖音短视频作者、流量网红等到景区游览，并通过直播将景区的自然风景、文化活动等传播出去，提升旅游景区的知名度。一般来说，直播平台用户能拥有流量，是因为其本身具有某种魅力，或者该用户设计的话题、打造的人设得到别人认同，才会引发关注。因此，通过主播的直播推荐，有极大的概率可以吸引粉丝前来参观打卡，打造网红景区。在吸引到一定的流量后，旅游景区更不能松懈，可以打造、设计出一些具有看点或者热点的话题吸引人们的注意，举办更加丰富多彩的活动，将这些旅游者变成潜在的宣传者，为景区带来持续不断的关注度。

在打造网红景区的做法中，洛阳市老君山景区的营销宣传为大家提供了一个成功的范例。自 2017 年国庆节以来，洛阳市老君山景区就推出了“一元管饱”午餐服务，通过游客自觉投币的方式解决游客午餐问题，在众多“天价”景区中俨然成为一股清流。同时，景区在此次活动中，十分注重食品安全，邀请食药监部门介入，严格把控食品质量，让游客吃得放心、吃得舒心。活动一经推出，就受到社会各界的一致赞扬，同时该话题迅速登上新浪微博等平台热搜榜，引来上千万点击量。洛阳市老君山景区从 2017 年至 2020 年连续三年推出该活动，并且每年都能迅速进入热搜排行榜，为景区积累了一大波持久的关注度。2020 年 11 月，老君山景区通过自媒体平台将景区极致的雪景上传至互联网，并迅速走红网络，引发各方赞叹，同时吸引众多网络主播前来打卡。没想到，其中一位主播在老君山山顶吃泡面的行为和一句“远赴人间惊鸿宴，老君山上吃泡面”的网红梗，跃居平台热度榜首位，洛阳市老君山景区再次“出圈”，成为名副其实的“网红景区”。

（4）注重专业人才培养

游记中不少旅游者表示在游览历史文化类景区时，导游起到不容忽视的作用。他们对景区提供的免费智能讲解服务很赞同，但也提出智能语音服务的缺点以及对导游等服务人员专业能力的质疑。如“互动性不强”“背书般的模式讲解”“知识点太多，削弱了重点”。河南省历史文化底蕴十分丰富，因此，要注重对专业旅游服务人员的培养。

专业人才团队的建设是旅游景区能够长久运营下去的基础和保障。要想培养专业的旅游服务人员，首先，要吸引更多愿意投身于旅游行业的人。当前，我国对旅游管理方面的专业教育有所加强。根据中华人民共和国文化和旅游局公布的官方信息，截至 2017 年，全国开设旅游管理类本科专业的普通院校 608 所，共招生 5.9 万人；开设旅游管理类高职专业的普通高等院校 1086 所，招生 11.3 万人；开设旅游相关专业的中等职业学校 947 所，招生 10.2 万人。[①] 从数据中我们明显可以看出，高职高专类旅游管理专业学生人数较多，但是高层次的专业人才较少。针对以上情况，相关政府部门应该加大对旅游管理高层次人才教育的力度，增设本科及以上有关旅游管理专业的院校，并且在资金和相关政策方面加大扶持力度，或者通过毕业推荐工作等方式，吸引更多人才加入旅游管理的行业中来。

其次，学校对学生的教育管理，不仅应该重视理论培训，还应该注重实际操作，提升旅游人才的综合素质。定期邀请旅行社、导游、酒店

① 国家旅游局 . 2017 年全国旅游教育培训统计［EB/OL］. http://zwgk.mct.gov.cn/zfxxgkml/tjxx/202012/t20201213_919438.html. 2018-04-19.

等旅游相关行业的代表人物或者经验丰富的人才，为学生开展讲座，防止学校教育与社会脱轨。旅游景区等部门要对旅游服务专业人员定期设置专业知识考核，举办技能大赛，在毕业生进入行业之初完善专业培训，实行高级人才带徒制，以便更好地服务旅游者。

6

结论与展望

6.1 研究结论

本书以河南省26个国家全域旅游示范区创建单位为研究对象，研究旅游者对其的感知形象。在建立理论基础上，本书首先对全域旅游、旅游形象感知和网络文本的定义进行界定，其次选取“认知—情感”系统理论、扎根理论、认知心理学、旅游业CIS理论和可持续发展理论作为本书的理论基础。

在指标模型构建上，首先，选取马蜂窝和携程两大旅游在线平台，采用八爪鱼采集器爬取一定时间段内的网络游记作为本书的研究数据，借助NVivo软件，运用扎根理论三级编码法对原始网络游记编码。其次，综合沈啸、崔会平等建立的分析量表和实际编码情况，构建河南省全域旅游形象感知系统指标体系。该指标体系共由4项主分析类目、21项次级分析类目构成。4项主分析类目分别为旅游体验、旅游资源、旅游公共服务设施以及旅游管理。21项次级分析类目分别为智慧旅游、整体评价、拥挤感知、消费价格、旅游讲解、旅游活动、酒店住宿、纪念品、餐饮美食、历史文化、民俗节日、人文景观、天气气候、自然风光、服务态度、公共交通、景区公共服务设施、安全管理、景区保护、景区宣传和景区管理。

在对原始网络游记数据进行预处理后，借助 Rost Content Mining 6、Netdraw、Python 语言、SPSS 等研究工具，通过对原始网络游记进行词频分析、语义网络分析和情感分析，探究旅游者对河南省全域旅游的整体感知形象。然后，基于李克特量表，对原始网络游记编码评分，通过对河南省全域旅游感知形象指标要素的 IPA 分析，找出河南省全域旅游建设中需要重点改善的指标，发现旅游者对河南省全域旅游形象感知中的问题，并提出相应的策略。本书的主要结论有以下几点：

第一，河南省全域旅游整体感知形象由认知形象和情感形象两部分组成。全域旅游认知形象从词频和语义网络两部分数据分析结果来表现。在认知形象前 100 位高频词汇中，旅游者对河南省历史文化类旅游资源感知最为深刻，对山水类自然旅游资源感知印象次之。就旅游者对 26 个国家全域旅游示范区创建名录的感知情况来看，旅游者对郑州市，洛阳市洛龙区、嵩县、栾川县等地，焦作市和安阳市的林州市的全域旅游建设感知印象较为深刻，对其他地市的全域旅游建设感知较浅。从语义网络的角度分析，河南省全域旅游形象感知明显呈现“核心—次核心—外围”的结构特征，洛阳、郑州为河南省全域旅游的核心品牌，历史文化是河南省全域旅游的核心主题，其代表景区有龙门石窟、白马寺、少林寺等。除此之外，旅游者对旅游时间和旅游目的地间的距离较为关注。从全域旅游情感感知形象来分析，旅游者对河南省全域旅游建设整体情感感知倾向极好，95%以上为积极情感，但是，旅游者表现的积极情感程度并不强烈。

旅游者对河南省全域旅游的整体感知形象为：河南省旅游资源丰富，旅游者对历史文化类旅游资源感知程度最深，其次为自然风景类资源。旅游者对河南省全域旅游建设整体评价较高，对旅游活动多表现为积极情感，但是情感程度并不强烈。就发展全域旅游区域来看，郑州市、洛阳市、焦作市和安阳市林州市四地旅游景区被旅游者所熟知，且旅游业发展较好，而河南省其余国家全域旅游示范区创建名录的全域旅游建设应该加强。

第二，运用 IPA 分析法对 21 项次级分析类目进一步深入研究，发现旅游者对其中 12 项因素绩效表现值都较为满意，这 12 项因素都存在于旅游资源与旅游体验两大分析类目中。其中，旅游者对自然风光、历史文化、人文景观、餐饮美食、酒店住宿等要素十分重视，且对其绩效表现十分满意，应继续保持。受旅游者重视且绩效表现值较低、需要优先重点改善的要素分别为公共交通和消费价格两大指标要素。消费价格问题主要体现在门票价格上，而公共交通则主要体现在出租车的管理方面。除此之外，旅游景区的公共服务设施、安全管理等方面也需要加强改善。

第三，深入分析河南省全域旅游感知形象指标要素的 IPA 分析结果，发现河南省全域旅游建设在公共交通方面存在旅游公共交通不便、交通运输管理松散、治安环境和整体交通氛围较差的问题，在消费价格方面存在收费设置不合理的问题，在公共服务基础设施建设方面存在旅游公共服务基础设施建设不完善、旅游体验感差的问题，旅游综合管理有待进一步加强。在旅游项目规划方面，河南省全域旅游资源整合度较低，旅游者形象感知较片面，旅游业态发展类型单一，旅游产品和旅游活动缺乏创新性。针对公共交通问题，提出加强旅游公共交通建设、从严管理交通治安环境的建议，分别从增设各景区、城郊间旅游专线和统一旅游交通规范、加大惩处力度两个方面来改善。针对消费价格的问题，提出规范景区价格管理的建议。针对旅游公共服务等设施问题，从智慧景区建设的角度提出相关对策，如建设智能景区管理系统、监控系统，制定安全预案等措施。针对旅游资源整合度低、旅游形象感知不全面的问题，提出创新旅游活动形式、实现旅游城市之间的精准帮扶、拓宽宣传渠道、建立省域一卡通制度、注重人才培养等一系列的措施。

本书深入分析旅游者对河南省全域旅游感知形象，找出问题，提出一系列具有针对性的建议策略，有利于提高河南省全域旅游形象，提升旅游者的旅游体验，满足旅游者多样化的需求，促进河南省旅游业更好更快发展。

6.2 研究不足与展望

本书整体结构完整，研究步骤清楚，逻辑性强，选用的分析方法合适。但是由于受本人科研能力等主观因素和数据采集的影响，本书仍有以下几点不足之处：

首先，在样本数据的选取上，按照一般理论，在进行研究时，应该选取所有网站对该地区的游记文本作为研究数据，研究结果才会更科学。但是考虑到数据样本的数量以及相应的工作量，本书主要选取两个大型在线旅游网站上的网络游记作为样本数据代表，未能覆盖所有的在线旅游网站，且旅游者在一些旅游论坛、社区上的评论都未纳入研究体系。尽管互联网的普及率逐渐提升，但是将网络游记文本作为样本数据，仍然可能会忽视掉一部分参与旅游活动的旅游者的真实感受，做不到全员覆盖。因为并不是所有旅游者都有在在线旅游平台记录游记的习惯，因此，在样本的选取上仍然有一定的局限性。未来的研究可以扩大样本数据来源，使得分析结果更加全面。在梳理理论基础，建立文献综述时，由于全域旅游是基于本国国情而提出的一个发展战略，因此，国外几乎没有关于全域旅游的文献研究，是本书的一个缺憾。

其次，在研究方法的选择上，本书虽然采用了结构化和非结构化相结合的方法进行研究，但是仍然以内容分析法为主。采用内容分析法对所有的文本内容进行主观编码时，尽管参考了前人的量表，并且邀请研究伙伴共同研究，最后指标的构建和编码评分的最终确定都综合考虑了小组成员的所有意见，但仍然主观性较强，可能存在由于笔者本人的认知和知识储备不足、教育生活背景等主观因素造成的误差，对研究结果产生一定的影响，对某些问题的分析深度不足。因此，在今后的研究中，在构建指标时，尽量使用某种数理统计方法将小组内每个成员的结果都进行量化比较，这样得到的结果才能更加科学、严谨。

最后，本书研究了旅游者对河南省全域旅游的整体形象感知，但是在搜集数据方面，忽略了旅游者自身情况对研究结果的影响。旅游者的归属地、受教育情况、收入水平或者是生活条件等都可能会使研究结果产生误差，为使研究结果更加真实、准确，不能不重视这一因素的影响。因此，探究游客基本特征对旅游形象感知的影响可能成为未来研究的一个方向。另外，本书主要基于旅游者的网络游记研究结果对河南省全域旅游建设提出建议和对策，因为旅游者本身受教育程度等因素不同，且旅游者在旅游活动中更加关心的要素有一定的利己性，对旅游设施质量的高低、旅游管理的相关要素和功能感知不深。因此，从旅游者的角度对河南省全域旅游建设提出建议，可能存在一定的局限性，在今后的研究中也应当加强。

参考文献

[1] MARTILLA J A, JAMES I C. Importance-performance Analysis [J]. Journal of Marketing, 1977, (1): 51, 77-79.

[2] MAZANCE J A. Image Measurement With Self-organizing Maps: A Tentative Application To Austratrian Tour Operators [J]. The Tourism Review, 1994, 49 (3): 9-18.

[3] YU S. Tourism and Recreation of City [M]. Shanghai: Eastern Normal University Press, 2003. 15.

[4] BOULDING K. The Image [M]. Ann Arbor. University of Michigan Press, 1956.

[5] KIM H, RICHARDSON S L. Motion Picture Impacts on Destination Images [J]. Annals of Tourism Research, 2003, 30 (1): 216-237.

[6] HUNT J D. Image as A Factor in Tourism Development [J]. Tourism Recreation Research, 2016, 13 (3): 1-7.

[7] FAKEYE P, CROMPTON J. Image Differences between Prospecfive, First-Time, and Repeat Visitors to The Lower Rio Grande Valley [J]. Journal of Travel Research, 1991, 29 (2): 10-16.

[8] GUNN C. Vacation Scope. Austin: Bureau of Business Research [M]. University of Texas. 1992.

[9] GARTNER W C. Image Formation Process [J]. Journal of Travel and Tourism Marketing, 1993, 2: 199-212.

[10] SEYHMUS B, KEN W M. A Model of Destination Image Formation [J]. Annals of Tourism Research1999b, 26 (4): 868-897.

[11] BEERLI A, MARTIN J D. Factors Influencing Destination Image [J]. Annals of Tourism Research, 2004, 31 (3): 657-681.

[12] PEARCE P L . Perceived Changes in Holiday Destinations [J]. Annals of Tourism Research, 9 (2) , 145-164.

[13] CHOI S, LEHTO X Y, MORRISON A M . Destination Image Representation on the Web: Content Analysis of Macau Travel Related Website [J]. Tourism Management, 28 (1) , 118-129.

[14] HUANG C Y, CHOU C J, LIN P C. Involvement Theory in Constructingbloggers' Intention to Purchase Travel Products [J]. Tourism Management, 2010, 31 (4) : 513-526.

[15] MARIANA M L, EMERSON W M, RICARDO G R. Tourist Expectations and Perception of Service Providers: A Brazilian Perspective [J]. Springer Berlin Heidelberg, 2020, 14 (1).

[16] CROMPTON J L. An Assessment of the Image of Mexico as A Vacation Destination and The Influence of Geographical Iocation up on Image [J]. Journal of Travel Research, 1979, 18 (4) : 8-23.

[17] GROSSPIETSCH M. Perceived and Projected Images of Rwanda: Visitor and International Tour Operator Perspectives [J]. Tourism Management, 2006, 27 (2): 225-234.

[18] BALOGLU S, McCleary K W. A Model of Destination Image Formation [J]. Annals of Tourism Research, 1999 (26): 868-897.

[19] BALOGLU S, BRINBERG D. Affective Image of Tourism Destination [J]. Journal Of Travel Research, 1997, 35 (4); 11-15.

[20] GUNN C A. Vacationscape-Designing Tourist Regions [M]. Aus-

tin, Texas: University of Texas, 1972.

[21] STABLER M J. The Image of Destination Regions: Theoretical and Empirical Aspects, in Goodall, B. and Ashworth, G (Editoers), Marketing in the Tourism Industry-The Promotion of Destination Regions [M]. London: Routledge, 1988, pp. 133-159.

[22] MISCHEL W, SHODA Y. A Cognitive-affective System Theory of Personality: Reconceptualizing Situations, Dispositions, Dynamics, and Invariance in Personality Structure [J]. Psychological Review, 1995, 102: 246-268.

[23] MISCHEL W. Instruction to Personality. Sixth Edition [M]. Fort Worth: Harcourt Brace College Publishers, 1999. 417-423.

[24] 河南省文化和旅游厅. 河南旅游概况 [EB/OL]. https: //www. henan. gov. cn/2006/09-12/308421. html, 2020-05-27.

[25] 河南省文化和旅游厅. 河南文化概况 [EB/OL]. https: //www. henan. gov. cn/2018/05-31/2408. html, 2020-03-17.

[26] 河南政府人民政府. 自然地理 [EB/OL]. https: //www. henan. gov. cn/jchn/zrdl/.

[27] 国家统计局. 河南省 2018 年区划 [EB/OL]. https: //www. stats. gov. cn/tjsj/tjbz/tjyqhdmhcxhfdm/2018/41. html. 2020-12-18.

[28] 百度百科. 河南省 [EB/OL]. https: //baike. baidu. com/item/%E6%B2%B3%E5%8D%97/132980? fromtitle =%E6%B2%B3%E5%8D%97%E7%9C%81&fromid = 59474&fr = aladdin#reference- [23] -15762283-wrap.

[29] 河南省人民政府. 2019 年全省经济运行总体平稳稳中有进 [EB/OL]. https: //www. henan. gov. cn/2020/01-21/1284324. html. 2020-12-18.

[30] 邓逸川, 吉嘉, 吴松飞, 申琪玉. 基于社交网络分析的中国

BIM 学术影响力分析［C］. 第三届全国 BIM 学术会议论文集 . 中国建筑工业出版社数字出版中心，2017：316-322.

［31］朱艳萍，林炜铃 . “互联网+”时代智慧旅游景区供应链结构要素创新［J］. 智能建筑与智慧城市，2019（11）：36-38.

［32］吴珊珊 . 南昌市红色旅游形象感知与提升策略研究［D］. 南昌：江西财经大学，2020.

［33］朱艳萍，林炜铃 . “互联网+”时代智慧旅游景区供应链结构要素创新［J］. 智能建筑与智慧城市，2019（11）：36-38.

［34］张丽萍 . 全域旅游发展中政府主导作用解析［J］. 现代商贸工业，2016（32）.

［35］中商情报网官方 . 2020 河南旅游业发展现状分析［EB/OL］. https：//www. sohu. com/a/411830631_ 642249. 2020. 02. 22.

［36］宋子斌，安应民，郑佩 . 旅游目的地形象之 IPA 分析——以西安居民对海南旅游目的地形象感知为例［J］. 旅游学刊，2006（10）：26-32.

［37］高志洋 . IPA 分析法在国内旅游研究领域的应用［J］. 考试周刊，2012，（40）：21-22.

［38］郭安禧，张一飞，郭英之，等 . 旅游者感知价值维度对重游意向的影响机制——基于团队旅游者的视角［J］. 世界地理研究，2019，28（1）：197-207.

［39］周灵毅 . 基于网络文本的陇南市旅游形象感知研究［D］. 兰州：西北师范大学，2020.

［40］保继刚，楚义芳 . 旅游地理学（修订版）［M］. 北京：高等教育出版社，1999：98-124.

［41］王颖异 . 基于网络文本分析的古村落旅游地形象及游客体验质量研究［D］. 武汉：华中师范大学，2020.

［42］孙艳红，王轻楠，吴杰．智慧景区龙门石窟智慧景区建设研究［M］．北京：中国经济出版社，2019：124-220.

［43］李少华．景区高清智能安防系统解决方案［J］．中国公共安全，2016，(3)：12.

［44］战丽娜．全域旅游的理性思考［J］．改革与开放，2018，(6)：26-27.

［45］杨彦平．河南省全域旅游背景下的文旅融合发展思考［J］．区域治理，2019（40）：19-21.

［46］百度百科．河南博物院［EB/OL］．https：//baike. baidu. com/item/%E6%B2%B3%E5%8D%97%E5%8D%9A%E7%89%A9%E9%99%A2/529742？fr=aladdin#3. 2021. 03. 09.

［47］百度百科．共享经济［EB/OL］．https：//baike. baidu. com/item/%E5%85%B1%E4%BA%AB%E7%BB%8F%E6%B5%8E/965155？fr=aladdin. 2021-03-09.

［48］黄炜，何思，黄楠．旅游演艺品牌形象的结构化与非结构化研究——以张家界“魅力湘西”为例［J］．资源开发与市场，2015，31(2)：227-230+238.

［49］姚佳棋．直播带货模式的现状、问题及对策研究［J］．经济与社会发展研究，2020（22）：0070-0070.

［50］国家旅游局．2017年全国旅游教育培训统计［EB/OL］．https：//zwgk. mct. gov. cn/zfxxgkml/tjxx/202012/t20201213_ 919438. html. 2018-04-19.

［51］黄光宇．基于网络内容挖掘的井冈山旅游目的地形象感知及其提升策略研究［D］．南昌：江西财经大学，2020.

［52］黄朋涛．基于网络文本分析的神农架国家公园旅游形象研究［D］．武汉：华中师范大学，2020.

[53] 武雅利．基于情感词典的用户生成内容个性化情感分析［D］．蚌埠：安徽财经大学，2020.

[54] 赵楠．全域旅游视阈下休闲养生旅游发展模式——以安徽省亳州市为例［J］．社会科学家，2019，265（5）：95-101，107.

[55] 李金早．全域旅游的价值和途径［N］．人民日报，2016-03-04（07）.

[56] 丁鑫，汪京强，王晓燕．武夷印象——基于网络文本的旅游目的地形象感知研究［J］．资源开发与市场，2019，35（1）：127-132.

[57] 李月调，黄倩，张江驰．负面舆论对游客忠诚度的曲线影响——安全感知和旅游形象感知的中介作用［J］．旅游学刊，2019，34（5）：105-116.

[58] 刘玉春，贾璐璐．全域旅游助推县域经济发展——以安徽省旌德县为例［J］．经济研究参考，2015（37）：97-101+112.

[59] 钟娟芳．特色小镇与全域旅游融合发展探讨［J］．开放导报，2017（2）：54-58.

[60] 孟秋莉，邓爱民．全域旅游视阈下乡村旅游产品体系构建［J］．社会科学家，2016（10）：85-89.

[61] 许新国．河北省县域全域旅游发展模式构建分析［J］．旅游纵览（下半月），2017（2）：195-196.

[62] 王晓洋．全域旅游视阈下江苏特色小镇可持续发展对策［J］．社会科学家，2018（7）：73-77.

[63] 郭伟，薛耀文．基于全域旅游的龙头景区带动型模式研究——以山西省临汾市为例［J］．改革与战略，2019，35（2）：71-81.

[64] 金仁重．基于 CIS 战略的国家全域旅游示范区创建［J］．中国农业资源与区划，2018，39（8）：158-163.

[65] 张辉，岳燕祥．全域旅游的理性思考［J］．旅游学刊，2016，

31（9）：15-17.

［66］张河清，邓泽平，王蕾蕾．特殊区域旅游竞争力评价研究——基于广东省14个国家全域旅游示范区的实证分析［J］．生态经济，2019，35（7）：135-140.

［67］张仪华，王园．全域旅游产业与区域经济的耦合协调发展研究——以福建省为例［J］．技术经济与管理研究，2019（1）：95-99.

［68］王旭科，刘文静，李华．全域旅游发展水平评价指标体系构建与实证［J］．统计与决策，2019，35（24）：51-54.

［69］徐珍珍，余意峰．国家全域旅游示范区空间分布及其影响因素［J］．世界地理研究，2019，28（2）：201-208.

［70］林明水，廖茂林，王开泳．国家全域旅游示范区竞争力评价研究［J］．中国人口·资源与环境，2018，28（11）：83-90.

［71］袁媛，周剑云，匡昭敏．县域全域旅游发展总体规划探析——以广西马山县为例［J］．规划师，2019，35（12）：57-64.

［72］王磊，刘洪涛，赵西萍．旅游目的地形象的内涵研究［J］．西安交通大学学报，1999（3）：25-27.

［73］孙黎．旅游地感知形象测量系统设计研究［D］．北京：北京工商大学，2009.

［74］张睿琦．旅游目的地形象测量综述［J］．福建质量管理，2019，（14）：216.

［75］邓宁，钟栎娜，李宏．基于UGC图片元数据的目的地形象感知——以北京为例［J］．旅游学刊，2018，33（1）：53-62.

［76］胡孟姣，梁玥琳．国内旅游目的地形象测量研究综述［J］．湖北农业科学，2019，58（7）：11-15.

［77］李蕾蕾．旅游目的地形象策划——理论与实务［M］．广东：广东旅游出版社，2006.

［78］廖卫华．旅游地形象构成与测量方法［J］．江苏商论，2005（1）：140-142.

［79］李巍，张树夫．旅游地形象认知心理分析与测评［J］．地理与地理信息科学，2007（3）：92-95.

［80］齐静文．旅游目的地感知形象认知规律研究——以桂林为例［D］．桂林：桂林理工大学，2010.

［81］李玺，叶升，王东．旅游目的地感知形象非结构化测量应用研究——以访澳商务游客形象感知特征为例［J］．旅游学刊，2011，26（12）：57-63.

［82］李春萍，张简．基于网络文本分析的国内外游客旅游目的地形象感知差异研究——以西安回民街为例［J］．旅游论坛，2017，10（6）：97-110.

［83］薛会娟．旅游地感知场的形成机理及管理对策探讨［J］．人文地理，2008（1）：98-101，97.

［84］姚长宏，刘爱利．旅游形象感知体系及其结构辨析［J］．现代商业，2012（34）：73-75.

［85］刘彬，甘巧林．Web2.0时代下的旅游摄影与婺源旅游地形象研究——基于旅游摄影照片的内容分析［J］．旅游论坛，2015，8（3）：14-21.

［86］唐笛扬，张建国，崔会平，等．牛头山国家森林公园旅游形象感知要素结构特征［J］．林业经济问题，2018（5）：72-77，109.

［87］李茜，王东红，李士娟．西安市旅游目的地形象感知测量研究［J］．西北大学学报（自然科学版），2013，43（5）：815-820.

［88］刘力．旅游目的地形象感知与游客旅游意向——基于影视旅游视角的综合研究［J］．旅游学刊，2013，28（9）：61-72.

［89］徐虹，韩林娟．文学旅游中的艺术形象与游客感知形象对比研

究——以北京胡同游为例［J］. 旅游论坛，2018，11（5）：46-55.

［90］张洪昌，舒伯阳. 基于网络文本分析的民族村寨国际旅游形象感知研究——以黔东南州为例［J］. 西北民族大学学报（哲学社会科学版），2019，（3）：145-152.

［91］崔人元，刘康. 全域旅游背景下贵州红色旅游形象设计［J］. 中国集体经济，2019（23）：114-115.

［92］王家祥，夏必琴. 基于全域旅游视角的城市旅游形象提升思考［J］. 旅游纵览（下半月），2019（8）：56-57，60.

［93］张新想，王立鑫，胡克婷，朱志刚，李丽艳. 全域旅游背景下秦皇岛形象感知调研［J］. 现代营销（信息版），2019（10）：230-233.

［94］潘珠，吴星. 基于网络文本分析的海南旅游目的地形象感知研究［J］. 中国经贸导刊（中），2020，11（3）：44-57.

［95］刘力钢，陈金. 大数据时代边境地区县域全域旅游目的地品牌形象提升策略［J］. 企业经济，2019，38（10）：48-54.

［96］李柏文. 国内外城镇旅游研究综述［J］. 旅游学刊，2010，25（6）：88-95.

［97］张珍珍，李君轶. 旅游形象研究中问卷调查和网络文本数据的对比——以西安旅游形象感知研究为例［J］. 旅游科学，2014，145（6）：73-81.

［98］解为. 旅游感知形象研究综述［J］. 河北旅游职业学院学报，2014，19（3）：5-10.

［99］刘乐. 旅游目的地形象演变研究［D］. 昆明：云南财经大学，2015.

［100］杨杰，胡平，苑炳慧. 熟悉度对旅游形象感知行为影响研究——以重庆市民对上海旅游形象感知为例［J］. 旅游学刊，2009，24（4）：56-60.

[101] 刘毅. 内容分析法在网络舆情信息分析中的应用 [J]. 天津大学学报（社会科学版），2006，(4)：307-310.

[102] 邱均平，邹菲. 关于内容分析法的研究 [J]. 中国图书馆学报，2004，(2)：14-19.

[103] 吕俊芳. 城乡统筹视阈下中国全域旅游发展范式研究 [J]. 河南科学，2014，32 (1)：139-142.

[104] 赵传松. 山东省全域旅游可持续性评估与发展模式研究 [D]. 济南：山东师范大学，2019.

[105] 王德刚. 日喀则旅游发展模式研究 [J]. 旅游科学，2003 (3)：29-32.

[106] 张瑞，张建国. 基于网络文本与IPA模型分析的上海辰山植物园旅游形象感知研究 [J]. 中国园林，2019，35 (8)：83-87.

[107] 蒙欣欣. 解析全域旅游发展模式 [J]. 旅游纵览（下半月），2016 (4)：12-13.

[108] 杨振之. 全域旅游的内涵及其发展阶段 [J]. 旅游学刊，2016，31 (12)：1-3.

[109] 战丽娜. 全域旅游的理性思考 [J]. 改革与开放，2018 (6)：26-27.

[110] 姚国章，丁世红，周晓平，韩玲华，等. 智慧旅游新探索 [M]. 长春：东北师范大学出版社，2016：39-42.

[111] 杨丽君. 龙门石窟智慧景区建设研究 [D]. 洛阳：河南科技大学. 2017.

[112] 刘梦圆. 基于网络文本分析的南京市旅游地形象感知研究 [D]. 南京：南京师范大学，2017.

[113] 宋子斌，安应民，郑佩. 旅游目的地形象之IPA分析——以西安居民对海南旅游目的地形象感知为例 [J]. 旅游学刊，2006 (10)：

26-32.

［114］程金龙．城市旅游形象感知的机理研究［J］．人文地理，2011，26（3）：142-146.

［115］王维晴．基于网络文本分析的旅游目的地形象感知研究［D］．南昌：江西财经大学，2019.

［116］胡晓苒．城市旅游：全域城市化北京下的大连全域旅游［J］．中国旅游报，2010.

［117］保继刚．旅游开发研究——原理．方法．实践［M］．北京：科学出版社，1996. 183-185.

［118］程金龙，吴国清．我国旅游形象研究的回顾与展望［J］．旅游学刊，2004（2）：92-96.

［119］刘菁菁．基于网络文本分析的韶山旅游形象感知研究［D］．湘潭：湘潭大学，2016.

［120］朱梦，余昆鹏．网络文本特征研析［J］．新闻世界，2012（4）：96-97.

［121］于松梅，杨丽珠．米契尔认知情感的个性系统理论述评［J］．心理科学进展，2003（2）：197-201.

［122］厉新建，张凌云，崔莉．全域旅游：建设世界一流旅游目的地的理念创新——以北京为例［J］．人文地理，2013，28（3）：130-134.

［123］韩雪，刘爱利．旅游感知的研究内容及测评方法［J］．旅游学刊，2019，34（4）：106-118.

［124］李光耀．基于 CIS 理论的城市景观形象特色营造研究［D］．南京：南京林业大学，2015.

［125］王婷．世界自然遗产地旅游品牌形象塑造研究［D］．南昌：江西财经大学，2019.

［126］郭爽，王钦安，金泉，等．基于微博数据分析的南京市旅游

形象感知研究［J］．曲阜师范大学学报（自然科学版），2019，45（1）：98-104.

［127］王燕，张建国，张明如，等．洛阳隋唐遗址植物园主题形象投射与感知对比分析［J］．西南师范大学学报（自然科学版），2019，44（7）：101-109.

［128］尹丽，颜欣，田良．基于网络文本分析的旅游目的地形象感知研究——以三亚市为例［J］．特区经济，2019，（1）：100-102.

［129］沈啸，崔会平，张建国．基于网络文本分析的杭州超山梅花节旅游形象感知研究［J］．林业与生态科学，2019，34（1）：58-64.

［130］河南政府网．省情［EB/OL］．https：//www. henan. gov. cn/2018/05-31/2408. html，2020-05-22.

［131］吴海琴，张川．大都市近郊全域旅游型美丽乡村规划探索——以南京市汤山村为例［J］．小城镇建设，2015（11）.

附录一　基于 Python 的情感分析代码

```
#! /usr/bin/env python
# coding:utf-8
# In[1]:
import jieba
import numpy as np
import pandas as pd
def open_dict(Dict = 'hahah',path=r'./'):
  path = path + '%s.txt' % Dict
  dictionary = open(path,'r',encoding='utf-8')
  dict =[]
  for word in dictionary:
      word = word.strip('/n')
      dict.append(word)
  return dict
def judgeodd(num):
  if (num % 2) = = 0:
      return 'even'
  else:
      return 'odd'
# In[2]:
deny_word = open_dict(Dict = '否定词')
posdict = open_dict(Dict = 'positive')
negdict = open_dict(Dict = 'negative')
degree_word = open_dict(Dict = '程度级别词语')
# In[3]:
mostdict = degree_word[degree_word.index('extreme')+1 :degree_word.index('very')]#权重 3,verydict = degree_word[degree_word.index('very')+1 :degree_word.index('more')]#权重 2
moredict = degree_word[degree_word.index('more')+1 :degree_word.index('ish')]#权重 1.5
ishdict = degree_word[degree_word.index('ish')+1 :degree_word.index('over)']#权重 0.5
```

```
    overdict = degree_word[degree_word.index('over')+1 :degree_
word.index('last')]#权重 2.5
    # In[4]:
    def sentiment_score_list(dataset):
      dataset = dataset.replace('! ','').replace('。','')
      sentiment_list = list(jieba.lcut(dataset,cut_all=False))
      i = 0
      a = 0
      pos =[]
      neg =[]
      for word in sentiment_list:
          #print(word)
          if word in posdict:  # 判断词语是否是情感词
              poscount = 1
              c = 0
              for w in sentiment_list[a:i]:  # 扫描情感词前的程度词
                  if w in mostdict:
                      poscount * = 3.0
                  elif w in overdict:
                      poscount * = 2.5
                  elif w in verydict:
                      #print(w)
                      poscount * = 2.0
                  elif w in moredict:
                      poscount * = 1.5
                  elif w in ishdict:
                      poscount * = 0.5
                  elif w in deny_word:
                      c += 1
              if judgeodd(c) = = 'odd' :  # 扫描情感词前的否定词数
                  neg.append(poscount)
              else:
                  pos.append(poscount)
              a = i + 1  # 情感词的位置变化
          elif word in negdict:
              negcount = 1
              d = 0
              print(a,i,'=============')
              for w in sentiment_list[a:i]:
                  if w in mostdict:
                      negcount * = 3.0
                  elif w in overdict:
```

```
                    negcount * = 2.5
                elif w in verydict:
                    negcount * = 2.0
                elif w in moredict:
                    negcount * = 1.5
                elif w in ishdict:
                    negcount * = 0.5
                elif w in deny_word:
                    d += 1
            if judgeodd(d) = = 'odd':
                pos.append(negcount)
            else:
                neg.append(negcount)
            a = i + 1
        i = i+1
  return np.sum(neg),np.sum(pos)
data2 = '棒极了哈哈哈哈哈哈好棒的地方'
#data2= '我难受'
sentiment_score_list(data2)
# In[10]:
df = pd.read_excel('原文本.xlsx',encoding='utf-8')
# In[13]:
pplist =[]
for i in df.values:
  score =sentiment_score_list(i[0])
  pplist.append(score)
# In[258]:
df.head()
# In[14]:
neg,pos=[],[]
for i in pplist:
  neg.append(i[0])
  pos.append(i[1])
# In[17]:
df['neg'] = neg
df['pos'] = pos
# In[20]:
df.to_excel('原文本.xls')
# In[ ]:
```

附录二　河南省“十三五”旅游产业发展规划节选

第一章　发展基础

第一节“十二五”旅游产业发展成就（略）

第二节“十三五”旅游产业发展形势（略）

第三节　“十三五”旅游产业发展趋势

“十三五”期间，我省旅游产业将呈现以下发展趋势：消费大众化。随着全面建成小康社会持续推进，旅游已经成为人民群众日常生活的重要组成部分。自助游、自驾游成为主要出游方式。

需求品质化。人民群众休闲度假需求快速增长，对基础设施、公共服务、生态环境的要求越来越高，对个性化、特色化旅游产品和服务的要求越来越高，旅游需求的品质化和中高端化趋势日益明显。

竞争国际化。各地普遍将发展旅游产业作为参与国际市场分工、提升国际竞争力的重要手段，纷纷出台促进旅游产业发展的政策措施，推动旅游市场全球化、旅游竞争国际化，竞争领域从争夺客源市场扩大到旅游产业发展的各个方面。

发展全域化。以抓点为特征的景点旅游发展模式向区域资源整合、产业融合、共建共享的全域旅游发展模式加速转变，旅游产业与农业、林业、水利、工业、科技、文化、体育、健康医疗等产业深度融合。

产业现代化。科学技术、文化创意、经营管理和高端人才对推动旅游产业发展的作用日益增大。云计算、物联网、大数据等现代信息技术在旅游产业的应用更加广泛。产业体系的现代化成为旅游产业发展的必然趋势。

第二章　总体要求

第一节　指导思想

按照党中央、国务院决策部署，围绕“五位一体”总体布局、“四个全面”战略布局，牢固树立创新、协调、绿色、开放、共享发展理念，以供给侧结构性改革为主线，以转型升级、提质增效为主题，以高端化、绿色化、智能化、融合化、标准化为方向，以发展全域旅游为抓手，加强基础设施建设，完善公共服务体系，创新旅游产品业态，强化旅游品牌塑造，实施旅游精准扶贫，优化旅游市场环境，促进全省旅游产业持续健康快速发展，努力打造全面小康型旅游大省。

第二节　基本原则

“十三五”旅游产业发展要遵循以下原则：

坚持市场主导。发挥市场在资源配置中的决定性作用，遵循旅游市场内在规律，尊重企业的市场主体地位。更好发挥政府作用，营造良好的基础环境、发展环境和公共服务环境。

坚持改革开放。改革体制机制，释放旅游产业发展活力，形成宏观调控有力、微观放宽搞活的发展局面。利用好国际、国内两个市场、两种资源，形成内外联动、相互促进的发展格局。

坚持创新驱动。以创新推动旅游产业转型升级，推动旅游产业从资源驱动和低水平要素驱动向创新驱动转变，使创新成为旅游产业发展的不竭动力。

坚持绿色发展。牢固树立“绿水青山就是金山银山”的理念，将绿色发展贯穿到旅游规划、开发、管理、服务全过程，形成人与自然和谐发展的现代旅游产业新格局。

坚持以人为本。把人民群众满意作为旅游产业发展的根本目的，通过旅游促进人的全面发展，使旅游产业成为提升人民群众品质生活的幸福产业。

第三节　发展目标

立足高成长服务业大省建设，推动产业融合，通过规划先行、项目带动，注重营销、品牌塑造，完善设施、改善环境，将旅游产业培育成我省经济转型升级的重要驱动、供给侧结构性改革的重要引擎、增进人民福祉的重要力量、生态文明建设的重要引领、展示我省综合实力的重要载体、打赢脱贫攻坚战的重要生力军，将我省建设成华夏历史文明旅游创新发展先行区、生态文明旅游发展示范区、旅游精准扶贫样板区和国内一流、国际知名的旅游目的地。到 2020 年，全省接待游客量达到 8.8 亿人次，其中，入境游客量达到 326 万人次；旅游总收入超过 8800 亿元；旅游投资总额达到 1060 亿元，形成一批吸引力大、竞争力强、影响面广的旅游产品。

第四节　战略布局

以建设郑汴洛旅游产业发展核心区，沿黄旅游带、南水北调中线旅游带，南太行旅游区、伏牛山旅游区、桐柏—大别山旅游区、豫东平原旅游区为重点，积极构建“一核两带四区”旅游产业发展格局。

一、一核

依托自贸试验区建设，以发展全域旅游为抓手，整合郑州、开封、洛阳三市旅游资源，打造国际知名华夏文明旅游目的地、中国全域旅游示范区，成为带动全省旅游产业发展的核心区。

依托郑州国家中心城市建设，积极发展文化创意、时尚购物、商务会展、休闲度假等业态。推进自贸试验区郑州片区建设，引入国际知名的休闲娱乐、免税购物、商务会展、动漫游戏等品牌，发展现代时尚旅游。积极开发文化创意、休闲度假、现代娱乐等旅游产品，加快建设郑州国际文化创意产业园。以嵩山少林景区为依托，延伸功夫产业链，开发嵩山主题度假、文化创意旅游产品。以黄帝故里景区为引领，整合黄帝文化资源，加快建设根亲文化国际旅游目的地。以建设郑州古商都历史文化休闲区为抓手，创新大遗址保护开发模式，打造全景展现郑州历史、满足都市休闲娱乐需求的休闲街区。整合沿黄旅游资源和城郊乡村休闲旅游资源，推进环城游憩带建设，将郑州打造成国际商都城市、国内外知名旅游目的地、我国中部重要的旅游集散中心。

依托自贸试验区开封片区建设，发展创意设计、文化演艺、医疗旅游及旅游商品制造等，构建国际文化贸易和人文旅游合作平台，促进融合发展。深度挖掘开封宋文化，塑造大宋皇城、北方水城、汴京菊花、铁面包公、味道古都等五大旅游品牌，实施文化旅游创新、重点景区提升、旅游产品优化、旅游产业融合、生态环境改善、旅游综合体建设六大工程。策划宋文化体验游、民俗风情游、遗迹奇观游、名街名巷游、黄河生态游、乡村休闲游、研学体验游等七大主题旅游线路。打造黄河生态文化旅游区、童世界文化旅游园区、银基文化产业园区、朱仙镇国家文化生态旅游示范区、尉氏休闲生态园区五大旅游增长极，将开封建设成全城一景、宋韵彰显的国际文化旅游名城。持续强化洛阳“华夏之源、丝路起点、千年帝都、牡丹花城”品牌打造和形象推广，加快建设洛阳都市文化旅游中心区和黄河文化旅游带、洛河文化旅游带、伊河生态休闲旅游带。在自贸试验区洛阳片区，加快建设一批国际文化旅游、文化创意、旅游商品研发设计、旅游装备制造等项目，推进华夏历史文明传承创新区建设。加强龙门石窟世界遗产文化园区、白马寺佛教文化园区、关圣文化园、国家考古遗址公园、老城历史文化街区、玄奘文化景区、二里头遗址博物馆等项目建设，推出丝绸之路游、国学研修游、河洛寻根游、黄河文化游、生态山水游、温泉养生游、博物馆游、工矿体验游、特色乡村游等精品旅游线路，将洛阳建设成具有古都特色、中原风格的国际文化旅游名城。

二、两带

沿黄旅游带。抓住“一带一路”建设国家战略机遇，深入挖掘和展现沿黄古都文化、丝路文化、黄河文化、根亲文化、佛教文化，突出峡谷奇观、黄河湿地、地上悬河等自然景观，加强黄河两岸生态建设，开发生态观光、休闲度假、文化体验等旅游产品。因地制宜开发黄河游轮、摩托艇、皮划艇、气垫船等水上观光、休闲娱乐产品，加快建设一批集餐饮、住宿、休闲等功能于一体的旅游码头。将我省沿黄旅游带打造成荟萃华夏文明、彰显中原丝路文化特色、凸显生态黄河风光的国际旅游精品带。

南水北调中线旅游带。整合南水北调中线沿线自然、人文旅游资源，加强南水北调中线渠首、沙河渡槽、穿黄工程等水利工程特色景观打造。加快沿线城市近郊游憩、休闲农业、康体养生产品开发和干渠两侧生态廊道建设，打造集自然观光、文化体验、休闲养生等功能于一体的生态文化旅游带。

三、四区

南太行旅游区。深入挖掘殷商文化、神农文化、周易文化、道教文化、红色文化，积极开发山岳观光、山地休闲、避暑度假、健康养生、猎奇探险、户外运动、低空旅游、研学旅游等产品，建设一批时尚康体运动旅游基地。将南太行旅游区打造成以山岳观光为基础、运动养生为特色的国际知名、国内一流旅游区。

伏牛山旅游区。突出生态系统完整性、生物多样性和地质构造独特性，在巩固山水观光、山地休闲等知名旅游产品的基础上，大力发展温泉养生、康体健身、休闲度假、漂流滑雪、野营探险等特色旅游产品。将伏牛山旅游区打造成以山水休闲、养生度假为特色的国际知名、国内一流旅游区。

桐柏—大别山旅游区。突出豫风楚韵、淮河文化、民俗文化、根亲文化、红色文化特色，积极开发生态观光、休闲度假、康体养生、红色教育、姓氏寻根等旅游产品。加强与安徽、湖北两省合作，面向闽台地区开拓客源市场，共同打造大别山无障碍旅游区。将桐柏—大别山旅游区打造成以红色教育、生态休闲为主的国内知名旅游区。

豫东平原旅游区。充分挖掘历史文化遗存，创新展示手段和形式，展现史前文化、姓氏文化、龙文化、道家文化、古城文化、汉梁文化、农耕文化、特色民俗文化、红色文化，大力发展休闲农业和乡村旅游。将豫东平原旅游区打造成以历史文化、农耕文化、姓氏文化为精髓的特色旅游区。

第三章　重点任务

第一节　发展全域旅游

以优化旅游空间为抓手、供给侧结构性改革为主线，创新旅游产品，加快产业融合，扩展服务要素，推动我省旅游产业由景点旅游模式向全域旅游模式转变。

围绕“全域统筹规划、全域资源整合、全要素综合调动、全社会共治共管、共建共享”的目标，实现产业发展模式七种转变，即从重点景点景区建设到综合目的地统筹发展转变，从门票经济向产业经济转变，从粗放低效旅游向精细高效旅游转变，从封闭的旅游自循环向开放的“旅游+”融合发展方式转变，从旅游企业单打独享到社会共建共享转变，从景点景区内部“民团式”社会管理向全域旅游依法治旅转变，从旅游行政管理部门主管主抓向多部门齐抓共管、共同推动转变。

以自贸试验区为载体，通过创新旅游体制机制，推动现代旅游治理体系建设。创新规划理念，将全域旅游发展贯彻到城乡建设、土地利用、生态保护等各类规划中，在旅游引领“多规合一”方面取得新突破；补齐短板，加强旅游基础设施建设，在公共服务设施建设方面取得新突破；推进融合发展，丰富旅游供给，形成综合新动能，在推进“旅游+”方面取得新突破；实施旅游扶贫，推进旅游增收富民，在旅游精准扶贫方面取得新突破；规范市场秩序，加强旅游综合执法，在文明旅游方面取得新突破；完善旅游产业发展评价考核体系，在健全旅游产业统计体系方面取得新突破；保护城乡风貌和自然生态环境，在优化城乡旅游环境方面取得新突破。努力推动郑州、开封、洛阳创建国家全域旅游示范区，在满足大众旅游时代旅游消费新需求和推进旅游产业转型升级方面先行先试。鼓励有条件的地方积极创建国家全域旅游示范区，“十三五”期间，力争建成30个国家全域旅游示范区。

第二节　提升旅游产品质量

适应大众旅游发展，优化旅游产品结构，推进中国功夫、古都文化、根亲文化国际旅游目的地和山地休闲、养生度假特色旅游目的地建设。

一、打造精品旅游线路

坚持景观延续性、文化完整性、产业集聚性原则，依托丰富的人文、自然资源和便利的交通运输体系，连接重要旅游城市和品牌景区，打造九大精品旅游线。

二、开发休闲度假产品

大力开发山地、温泉、森林、滨水、养生等休闲度假旅游产品，发展特色鲜明的休闲度假项目，建设一批高标准的旅游度假区和满足多层次、多样化休闲度假需求的国民度假地。加快推进中心城市及周边区域的近郊休闲旅游产品开发，鼓励发展休闲街区、城市绿道、骑行公园等慢行系统，拓展城市休闲空间。努力打造黄河小浪底滨水度假旅游产业集群、南太行山地运动度假旅游产业集群、伏牛山山水养生度假旅游产业集群和大别山生态休闲度假旅游产业集群。“十三五”期间，全省争取创建2—3个国家级旅游度假区、15个省级旅游度假区和30—40个国民度假地，培育2—3个国家旅游休闲区。

三、建设精品景区

坚持A级景区创建与品质提升并举，完善A级景区复核和退出机制，实现高等级景区退出常态化。在全省资源特色突出、市场开发成熟、发展潜力大的旅游景区中遴选一批精品景区，进行重点打造，力争“十三五”期间全省新增5个5A级旅游景区。

四、推进旅游产业集聚发展

培育旅游产业园区。推进体制改革，创新管理模式，积极培育产品业态丰富、产业要素集聚、产业功能配套、管理体制科学、综合效益突出、带动作用显著的旅游产业园区。“十三五”期间，全省基本建成10个投资100亿元以上的旅游产业园区。建设旅游综合体。以郑州、洛阳、开封等市为重点，加快推进融合观光、游乐、休闲、运动、商务、会展、度假、体验等多种功能于一体的旅游综合体建设。“十三五”期间，全省建成5个功能复合、业态丰富、要素完善的旅游综合体。

第三节　丰富旅游供给

充分发挥旅游产业的拉动、融合、促进作用，实施“旅游+”战略，通过旅游与相关产业的融合，拓展旅游发展新领域。

一、创新发展文化旅游

促进文化旅游融合发展。挖掘古都文化、功夫文化、根亲文化、农耕文化、戏曲文化等，开发文化体验、根亲拜祖旅游产品。创新特色旅游体验方式，在景区、服务点、商业街区等地营造浓厚的文化旅游氛围。鼓励民俗技艺传承人在景区、旅游展销会和节庆活动中展示传统手工技艺、民俗文化，将文化资源转化为旅游产品。完善重点文物保护单位、历史文化街区、名人故居、博物馆、纪念馆等场所的旅游服务功能。

推出文化旅游创意产品。利用现代传媒技术，依托郑州航空港经济综合实验区、绿博文化创意产业园区等平台，研发推出一批中原文化特色衍生品。以文化创意、旅游休闲、商务会展为重点，在全省建设一批文化旅游创意产业园区、创意街区、创意旅游区、动漫研发中心等。

创建国家人文旅游示范基地。支持洛阳、开封、安阳、商丘、登封等市进一步挖掘人文旅游资源，加强非物质文化遗产保护、传承、利用，加强城市商业休闲空间建设，积极创建国家人文旅游示范基地。

二、突出发展乡村旅游

依托绿水青山、田园风光、传统村落、民俗文化等大力发展观光农业和休闲农业，积极培育创意农业、定制农业和会展农业等新型业态。建立乡村旅游重点村名录，开展乡村旅游环境整治，推进“厕所革命”

向乡村旅游点延伸。创新乡村旅游组织管理方式，推广乡村旅游合作社模式。实施乡村旅游后备厢工程，带动农副土特产品销售，增加农民收入。创建一批乡村旅游创客示范基地和以乡情教育为特色的研学旅行示范基地。

加强以巩义市海上桥村、鹿邑县曲仁里村、汝阳县杜康村、孟津县卫坡村、宝丰县马街村、郏县临沣寨村、卫辉市小店河村、修武县一斗水村、博爱县寨卜昌村、三门峡市陕州区庙上村、渑池县赵沟村、内乡县吴垭村、罗山县何家冲村为代表的古村落保护开发，打造“老家河南”乡土文化的载体。推广栾川县重渡沟村、嵩县天桥沟村、修武县岸上村、信阳市平桥区郝堂村、商城县七里冲村、新县许家洼村等旅游特色村发展经验，将一批旅游资源独特、旅游产品特点突出、旅游开发基础较好的村庄打造成可憩可游的旅游特色村和乡村度假地。

到2020年，全省建成400个乡村旅游特色村，推出200个乡村旅游精品民宿，打造30个乡村旅游创客示范基地，乡村旅游年接待游客超过2.7亿人次，形成一批具有我省特色的乡村旅游品牌，打造全国知名的乡村旅游目的地。

三、持续发展红色旅游

整合我省红色旅游资源，打造爱国主义教育基地、研学基地。推进爱国主义和革命传统教育大众化、常态化。加强统筹规划，注重与脱贫攻坚、区域发展、城乡建设相衔接，促进融合发展。加强与周边省红色旅游区域协作，打造大别山红色圣地游、长征精神游、中原抗日故地游、中原解放战争战地游等红色旅游精品线路。加强红色旅游景区基础设施和服务设施建设，提升服务水平。整合红色旅游景区周边自然生态、传统文化、特色乡村等旅游资源，打造推出一批复合型旅游产品。以“三山一滩”区域为重点，拓展红色旅游扶贫富民功能，支持当地群众参与餐饮、住宿等经营服务，因地制宜发展适合革命老区的种养殖业和特色手工业，带动当地贫困人口脱贫致富。“十三五”期间，全省新增4—6家全国红色旅游经典景区。

四、加快发展健康养生旅游

促进旅游与健康医疗融合发展，鼓励汝州、辉县、修武、温县、禹州、三门峡市陕州区、西峡等地加快推进医药康疗、运动康体、道家养生等康养旅游业态与观光、度假、研修等旅游业态的产业联动，创建国家康养旅游示范基地。积极发展温泉养生度假旅游，加快温泉与中医药结合的温泉养生产品研发，完善以温泉为载体的度假、养生、娱乐、观光等复合型温泉旅游产品体系。推进旅游与中医药融合发展，推动中医药旅游产品创新、医疗资源开放共享，促进中医药健康旅游产品的国际交流合作。“十三五”期间，争取创建1—2个全国中医药健康旅游示范区、5—8个省级中医药健康旅游示范区和6—8家全国中医药健康旅游示范企业（基地）、15—20家省级中医药健康旅游示范企业（基地）。

五、鼓励发展研学旅游

推进研学旅游与国民教育结合，将研学旅行作为青少年接受爱国主义和革命传统教育、国情教育的重要形式，培养青少年的社会责任感、创新精神和实践能力。加强安阳研学旅游目的地和红旗渠景区研学旅游示范基地建设，加快济源市全国中小学研学旅行实验区建设。支持各地依托自然和文化遗产、古村落、博物馆、科技馆、知名院校、工矿企业、科研机构等，建设一批研学旅游目的地和研学旅游示范基地。

六、大力发展工业旅游

鼓励工业企业因地制宜发展工业旅游，促进转型升级。积极引导工业企业、产业园区依托工业生产过程、企业文化，发展工业观光旅游、工业体验旅游和商务考察旅游。利用废弃矿山开发矿山公园，废旧厂房及工业设施建设文化创意基地，废弃铁路机车、线路等打造铁路主题旅游产品。鼓励发展游艇、游船、旅游房车、旅游小型飞机、旅游小火车、景区索道、大型游乐设施等旅游装备制造业，大力发展具有自主品牌的休闲、登山、滑雪、潜水、露营、探险等户外用品制造业。

七、加快发展特色城镇旅游

支持郑州、开封、洛阳、安阳、焦作建设国际旅游城市，推动许昌、南阳、商丘建设文化旅游名城，加快以浚县、卫辉、内乡、鹿邑等为代表的古城建设。以特色商业区、商务中心区建设为载体，加强集休闲游憩、文化体验、文化娱乐、旅游购物、特色餐饮等功能于一体的城市休闲街区建设，提升城市的旅游服务功能。加快中心城市环城游憩带建设，为城市居民提供近郊休闲、文化体验、康体养生等休闲场地。重视开封市祥符区朱仙镇、禹州市神垕镇、淅川县荆紫关镇、社旗县赊店镇等名镇的历史文化传承和整体风貌保护，推动由食宿、观光旅游向休闲、体验、度假旅游转变，打造古镇旅游升级版。加快巩义市康店镇、汝州市温泉镇、永城市芒山镇、林州市石板岩镇、信阳市浉河区浉河港镇等旅游风情小镇建设。通过聚集创新创业要素、扩展旅游服务功能，在中心城市周边打造一批现代化特色旅游小镇。

八、支持发展体育旅游

加强旅游与健身休闲、竞赛表演的融合发展，鼓励特色体育场馆、设施和基地向旅游者开放。依托登封嵩皇体育小镇、中牟黄河湿地赛车公园、栾川伏牛山滑雪度假乐园、林州国际滑翔基地、辉县万仙山国家攀岩公园、焦作太极体育中心、睢县水上运动赛事基地等，大力发展运动体验、赛事观赏、户外运动、体育节庆等。依托郑开国际马拉松、强渡黄河极限挑战赛、太极拳交流赛、功夫擂台赛等打造体育旅游品牌。规范发展漂流、滑雪、滑草、攀岩、滑翔、登山、自行车、航空运动、水上运动等体育旅游项目。到2020年，全省打造1—2个具有国际影响力的体育旅游目的地，建设1—2个国家体育旅游示范基地。

九、积极发展商务会展旅游

发挥郑州、开封、洛阳、焦作等旅游城市的商旅会展功能，积极发展商贸会议、行业会展、区域年会、文化艺术交流会、产品发布会等商务旅游产品，支持郑州建设商务会展旅游目的地。争取更多有影响力的大型会议、赛事、博览会、交易会等在我省举办，促进旅游产业与会展业融合发展。

第四节　延伸产业链条

通过盘活存量、做优增量，优化传统旅游要素结构，实现旅游市场供给与需求动态平衡。

一、创新发展旅游购物业

依托老字号品牌，突出我省文化元素，推出“老家礼物”系列旅游商品。将少林功夫、开封菊花、汴绣、木版年画、洛阳牡丹、唐三彩、太极文化、钧瓷、汝瓷等特色文化元素融入日常消费品设计，开发实用、美观、便携的旅游商品。建设一批旅游商品研发中心、生产基地和创客基地。在中心城市和重要旅游目的地建设一批休闲购物街区和旅游商品集散市场，在机场、高铁站、旅游服务中心、重点旅游景区等地设置特色旅游商品购物区。“十三五”期间，重点培育20—30家大型旅游商品生产企业，建设3—5个大型旅游商品交易中心和旅游商品创意园区。

二、构建新型旅游住宿业

注重结构优化、品牌打造和服务提升，培育一批有竞争力的住宿品牌，推进住宿企业连锁化、网络化、集团化发展。引进国际知名品牌连锁酒店，加强度假酒店建设，加快传统酒店提升改造，提高管理服务水平。大力发展具有我省地方特色的主题酒店，积极发展特色乡村酒店、汽车旅馆、青年旅舍、主题风情客栈和文化民宿，鼓励发展自驾车旅居车营地、帐篷酒店、露营地等新型住宿业态。

三、丰富完善旅游娱乐业

推广“景区+游乐”“景区+剧场”“景区+演艺”等景区娱乐模式，进一步优化《禅宗少林·音乐大典》《大宋·东京梦华》《功夫诗·九卷》等演艺项目，鼓励4A级以上旅游景区开发有本地特色的表演项目。结合古城、古镇、古村开发，加快发展以文艺表演、夜游等为主要内容的夜休闲活动。利用豫剧、曲剧、越调等地方戏曲及曲艺、杂技等特色资源，丰富旅游娱乐业内容。

四、优化提升旅游餐饮业

挖掘我省传统菜系和地方特色餐饮，弘扬豫菜文化，推出“老家味道”系列美食产品。支持我省餐饮知名企业规模化发展，打造特色餐饮品牌。支持在郑州、开封、洛阳、安阳、焦作、南阳、信阳等重点旅游城市打造一批特色美食街区。鼓励依托特色景区、古镇古村、旅游风情小镇建设美食小镇、美食乡村、美食农庄。

第五节　实施精准营销

建立立体化旅游宣传营销体系，实施旅游精准营销，充分释放旅游需求，拉动旅游新消费。

一、宣传旅游形象

在国内市场讲好“老家故事”，持续宣传“豫见中国·老家河南”品牌形象。在国际市场讲好“河南故事”，强化“河南·中国历史开始的地方”整体旅游形象。积极发挥各类平台作用，利用多种宣传手段，全方位推介我省旅游形象。发挥品牌引领功能，推出“老家美景”“老家印象”“老家味道”“老家礼物”“老家小镇”“老家乡村”“老家客栈”等系列“老家”品牌，形成支撑“老家河南”形象的旅游品牌体系。创新营销方式，强化线上线下结合、虚拟网络与实体服务对接。综合运用现代化传播手段，全方位宣传推介我省旅游产品和旅游目的地。

二、开拓旅游市场

大力提振入境旅游。优化入境旅游政策，推进入境旅游签证、通关便利化。提升入境旅游公共服务和商业接待水平，提高入境旅游服务品质。积极发挥联合国世界旅游组织旅游可持续发展河南省观测站的平台作用和国际民间交流团体、国际性行业协会的影响力，建设河南旅游海外营销推广中心。加强与境外知名旅行商合作，充分发挥自贸试验区在促进入境旅游发展方面先行先试的作用。

积极发展国内旅游。进一步加强长三角、京津冀、泛珠三角等客源市场开发，实施资源共享、客源互送的互游计划。发挥高铁旅游联盟平台作用，积极开展针对高速铁路、高速公路沿线客源城市的宣传促销活动。鼓励5A级景区在主要客源市场城市设立营销推广机构，实现市场营销常态化。

有序发展出境旅游。强化出境游业务旅行社资质的审核和监管，加强对出境旅游产品的引导和监控，倡导文明出游和文明消费，建立完善出境旅游目的地安全预警制度，不断提升出境旅游的服务质量，维护出境游客的合法权益。

三、打造节会品牌

积极打造以中国（郑州）国际旅游城市市长论坛、黄帝故里拜祖大典、中国开封菊花文化节、中国洛阳牡丹文化节、“中华源”国际文化旅游推广周等为代表的节会活动品牌。鼓励各地结合自身实际，组织策划形式多样、富有成效的旅游活动，提升我省旅游品牌的知名度和美誉度。

第六节 壮大旅游市场主体

引导旅游企业做优做强，推进大型旅游企业多元化扩张、中型旅游企业连锁化发展、小型旅游企业专业化拓展。积极引进国内外大型企业、旅游集团投资落户我省，实现与本省企业的融合发展。鼓励省内骨干旅游企业采取资本扩张、品牌输出、特许经营等方式进行连锁、联合发展。支持我省大型工业、房地产开发企业及其他企业集团跨界进入旅游产业，形成跨地区、跨行业、跨所有制的旅游企业。支持中小微旅游企业特色化、专业化发展，打造中小微旅游企业创新创业公共孵化平台。鼓励在线旅游企业进行全产业链运营，提高集团化、国际化发展水平。推动传统旅行社转型升级，鼓励有实力的旅行社跨区域设立分支机构，支持旅行社服务网络进社区、进农村。加强旅行社行业自律，打造诚信品牌旅行社。“十三五”期间，力争培育3—5家年综合收入超20亿元的旅游企业，打造2—3家全国百强旅行社。

第七节 推进智慧旅游

提升旅游信息化基础设施水平，加快机场、车站、宾馆饭店、景区景点、乡村旅游点等重点涉旅区域的无线网络建设，推动游客集中区、环境敏感区、高风险地区物联网设施建设。加快洛阳、郑州智慧旅游城市建设步伐，支持更多城市创建国家智慧旅游试点城市。加快智慧旅游企业、智慧旅游乡村建设，打造一批智慧旅游景区、酒店、旅行社，培育一批“互联网+旅游”创新示范基地，支持互联网旅游企业加快发展。至2020年，全省5A级景区及部分4A级景区建成智慧旅游景区，全省4A级以上旅游景区实现无线网络、智能导游、电子讲解、在线预订、信息推送、视频监控等功能全覆盖。建设旅游产业大数据平台和智慧旅游公共服务平台，推动旅游与交通运输、公安、工商、气象、国土资源、卫生计生、文化、航空、通信管理等部门、行业的数据共享，实现对旅游产业运行的有效监测。加强信息技术在旅游行业管理中的应用，推进以在线办事、行政审批、人才培训、行业监管、游客流量监测和风险隐患防控为主要内容的旅游产业运行管理系统建设。以行业大数据为基础，建立全省一体化旅游营销宣传体系。

第八节　完善旅游公共服务体系

全面提升旅游公共信息、交通集散、安全保障、便民惠民等服务水平，构建高效便捷的现代旅游公共服务体系。

一、完善旅游公共信息服务体系

构建以旅游公共信息服务平台为基础，高清实时视频观景平台、触摸终端、手机应用软件等为媒介的旅游公共信息服务体系。推动互动体验技术、移动信息技术、物联网技术等在旅游产业中应用。加快线上线下服务融合，为游客提供旅游资讯查询、产品推荐、行程规划、门票酒店预订、景区导游导览、虚拟旅游、旅游地图等旅游公共信息服务。加强旅游咨询中心、咨询服务点建设，完善覆盖城市主要旅游中心区、3A 级以上景区、重点乡村旅游点以及机场、车站、高速公路服务区、商业步行街区等游客聚集区域的旅游咨询服务网络，为散客和自驾游客提供人工咨询、信息查询等服务。

二、完善旅游安全保障体系

加强对旅游道路特别是桥梁、隧道等的交通安全管理，对客运索道、大型游乐设施等特种旅游设备定期开展安全监测，对旅游用车、用船进行动态监测，开展景区景点最大承载量管控和专项检查。完善旅游市场综合监管机制，重点治理扰乱旅游市场秩序、侵害旅游者权益的突出问题，落实旅游市场监管责任，提高监管水平和保障能力，营造诚信经营、公平竞争、文明有序的旅游市场环境。深化旅游保险合作，完善旅游保险产品，提高保障额度，扩大覆盖范围，提升理赔服务水平。建立健全多部门协同合作的旅游应急处置机制，落实旅游企业安全责任制，推动旅游企业建立应急队伍、完善应急救援设备设施、开展应急培训演练，实现一线从业人员旅游安全培训全覆盖。

三、实施旅游交通通达工程

加快通达旅游景区的道路建设，积极构建航空、铁路、公路、城市公交、城市轨道交通等多种交通方式“零距离换乘、无缝化衔接”的旅游综合交通体系。强化郑州新郑国际机场旅游交通枢纽作用，构建连接全球重要枢纽机场和主要经济体的空中通道。完善国内航线网络，开通郑州至国内旅游热点城市的“空中快线”，提高郑州至重点客源城市的航线密度。加快支线机场建设，积极推进通用机场建设，将旅游交通设施建设和低空旅游产品开发相结合，发展空中观光、空中巴士、驾驶体验、航拍摄影等低空飞行旅游产品。依托米字形高速铁路网建设，加强我省与京津冀、长三角、珠三角、成渝、山东半岛等客源市场的互联互通。建设沿南太行、伏牛山旅游通道，研究规划沿大别山旅游通道。加强重点景区与高速公路连接通道建设，实现高速公路基本覆盖全省4A级以上旅游景区。加快黄河中下游两岸旅游通道、滨河绿道和自行车慢道系统建设，加强沿南水北调中线干渠两侧旅游通道建设。实施县乡道路提质工程，提升乡村旅游的通达性。加强省区协作，建设太行山旅游风景道、大别山旅游风景道、黄河中下游旅游风景道、南水北调中线旅游风景道四条跨区域旅游风景道，实施沿线立体景观营造工程，加强观景游憩设施建设。

完善旅游集散体系，加快省旅游服务中心建设，强化旅游指挥调度、信息咨询、应急救援等方面的引导、协调功能，构建覆盖全省的旅游集散指挥平台。依托郑州国家中心城市建设，打造中国中部旅游集散中心。加强洛阳、安阳、信阳、商丘、焦作、南阳、三门峡等市旅游目的地建设，提升综合旅游服务功能，建设全要素聚集、辐射周边的区域旅游集散中心。完善提升高速公路服务区旅游功能，融入旅游信息咨询、休闲、购物、美食、娱乐等元素，加强景观营造，将服务区打造成自驾游休闲驿站。提高乡村旅游道路等级，加强道路养护，推进乡村旅游公路旅游标识标牌建设。推广旅居生活方式，加快自驾车旅居车营地建设，完善自驾车旅游服务体系，形成一批自驾车旅居车旅游线路。大力发展自驾车旅居车租赁业务，支持汽车租赁企业做大做强。

四、加强旅游惠民便民服务

鼓励景区增加免费开放空间，推动博物馆、纪念馆、爱国主义教育示范基地等免费开放，落实残疾人、老年人、现役军人、未成年人、学生等景区门票减免政策。鼓励各地发行旅游一卡通、电子消费券、旅游年卡等，为游客、市民提供旅游便利服务。加强政策引导、标准规范、技术创新、典型示范，持续推进旅游“厕所革命”。重点抓好乡村旅游厕所改造，着力推进山区和平原缺水地区厕所技术革新，实现主要旅游景区、旅游场所、旅游线路和乡村旅游点的厕所全部达到 A 级标准。

第九节　优化旅游市场环境

规范旅游市场秩序，强化社会监督，创新监管机制，推进依法治旅、依法兴旅、依法强旅。健全旅游综合监管机制，构建属地管理、部门联动、行业自律、各司其职、齐抓共管的工作格局。持续开展旅游市场秩序整治行动，依法打击不合理低价游、强迫或变相强迫旅游消费、虚假广告宣传等行为，切实维护旅游者的合法权益。建立健全旅游信用信息公示制度，打击旅游失信行为。提升旅游服务质量，探索建立旅游市场秩序综合评价制度，建立旅游产品和服务标准公开承诺和监督制度。加强旅游法制建设，健全旅游综合监管和联合执法机制，支持有条件的地方设立旅游警察、旅游工商分局、旅游巡回法庭，逐步实现旅游综合执法。推进旅游标准化建设，构建旅游标准化信息公共服务平台，提升旅游标准化服务与管理水平。在全省推广洛阳、开封全国旅游标准化示范城市，淮阳、西峡、新县全国旅游标准化示范县和河南嵖岈山旅游实业发展有限公司、淮阳县太昊陵管理处、河南八里沟景区有限公司、修武县云台山风景名胜区管理局、洛阳龙门旅游集团有限公司全国旅游标准化示范单位的经验。加强宣传教育，建立文明旅游法规体系，落实旅游文明行为公约和行动指南。开展文明旅游主题活动，加强对出境旅游者的文明提示和团组管理，提高旅游者和旅游从业者、经营者的文明自觉。持续开展旅游志愿者服务活动，完善旅游志愿者管理激励制度。开展志愿服务公益行动，建立一批旅游志愿服务工作站。2020 年全省注册旅游志愿者超过 1 万人。

第十节　实施乡村旅游扶贫工程

以“三山一滩”地区为基础，以我省纳入国家乡村旅游扶贫重点的 1065 个村为着力点，实施乡村旅游扶贫工程。“十三五”期间，力争通过发展乡村旅游带动 80 万人脱贫。实施乡村旅游扶贫重点村环境整治工程，全面改善通村公路、供水、供电、网络通信、垃圾污水处理等基础设施条件。到 2020 年实现全省乡村旅游扶贫重点村与交通干道全连接。强化“六小工程”建设，确保每个乡村旅游扶贫重点村建好一个停车场、一个旅游厕所、一个垃圾集中收集站、一个医疗急救站、一个农副土特产品商店和一批旅游标识标牌。加快推进贫困户“三改一整”（改厨、改厕、改客房、整理院落）工程。组织全省旅游规划、景观设计、咨询策划机构为乡村旅游扶贫重点村编制旅游规划。组织旅游企业和旅游规划设计单位、旅游院校与国家乡村旅游扶贫重点村结成帮扶对子，通过安置就业、项目开发、输送客源、定点采购、指导培训等方式帮助发展旅游产业。

第十一节 促进区域旅游一体化

加强与“一带一路”沿线国家和地区的旅游合作，以旅游带动开放，助推我省内陆开放高地建设。积极参与丝绸之路文化之旅，与沿线国家联合举办丝绸之路艺术节、河南文化年，推出一批丝路旅游精品线路。完善区域旅游合作机制，积极推动联盟城市之间资源共享、信息互送、人员培训、市场开拓等合作。到2020年，实现与“一带一路”沿线国家双向旅游人数超过1000万人次。发挥中原经济区城市旅游联盟的作用，加快构建跨省的中原无障碍旅游区。建立区域旅游投诉受理处置机制，加强中原经济区各城市之间旅游互动和务实合作。联合沿黄九省（区），共同打造黄河文明之旅、古都之旅、寻根之旅、名胜之旅、风光之旅五大国际精品线路和黄河度假之旅、红色之旅、峡谷之旅、湿地之旅、美食之旅五大国内精品线路。加强南水北调中线工程沿线五省（市）旅游合作，对工程节点形成的大型水利景观、总干渠沿线丰富的生态旅游资源进行统筹规划，联合打造一条贯穿中国内陆腹地的精品生态文化旅游带。依托中国大运河世界文化遗产，以荥阳故城、道口运河古镇、浚县运河古镇、黎阳仓遗址等为重点，加强与京津冀、苏皖浙等省（市）合作，共同开发大运河精品旅游线路。

第十二节 建设旅游生态文明

实施绿色旅游开发。支持洛阳白云山景区，许昌鄢陵国家花木博览园，三门峡天鹅湖国家城市湿地公园，南阳宝天曼旅游区、老界岭景区，商丘黄河故道国家森林公园，信阳南湾湖风景区、黄柏山国家森林公园，驻马店老乐山景区，信阳固始西九华山风景区等创建国家生态旅游示范区。支持栾川、嵩县、鲁山、修武、西峡等申报国家绿色旅游示范基地。“十三五”期间，争取创建5—8个国家生态旅游示范区、2—3个国家绿色旅游示范基地。以沿黄河、太行山、伏牛山、大别山区为重点，建设3—5条国家级非机动车旅游风景道，培育5—8条国内知名的徒步游览线路。拓展森林旅游发展空间，以森林公园、湿地公园、国有林场等为重点，完善森林旅游产品和设施，推出一批具备森林游憩、疗养等功能的森林体验基地和森林养生基地，积极创建国家生态公园。全省4A级以上旅游景区全部建成生态停车场，所有新修步道和80%以上的旅游厕所实现生态化。建立健全以绿色景区、绿色饭店、绿色建筑、绿色交通为核心的绿色旅游标准体系，推行绿色旅游产品、绿色旅游企业认证制度。建立旅游环境监测预警机制，对资源消耗和环境容量达到最大承载力的旅游景区，实行预警提醒和限制性措施。完善旅游预约制度，建立景区游客流量控制与环境容量联动机制。完善旅游开发利用规划与建设项目环境影响评价信息公开机制，严格执行环境保护制度。

倡导绿色旅游消费。践行绿色旅游消费观念，大力倡导绿色消费方式，发布绿色旅游消费指南。鼓励酒店实施客房价格与水电、低值易耗品消费量挂钩，逐步减少一次性用品使用。引导旅游者低碳出行，提高节能环保交通工具使用比例，大力推广公共交通、骑行或徒步等绿色生态出行方式。开展绿色旅游公益宣传，加强生态文明、绿色旅游教育和培训，引导全行业、全社会树立绿色旅游观念，形成绿色消费自觉。

第四章　保障措施

第一节　推进改革创新

完善旅游行政管理体制。充分发挥省旅游工作联席会议制度的综合协调作用，增强旅游部门综合协调和行业统筹能力。鼓励发展旅游中介组织，将旅游景区、旅游饭店、乡村旅游点的等级评定和行业培训、宣传促销等职能交由评定委员会或行业协会承担。推进以旅游管理体制机制、政策引导、联合执法等为重点的综合改革，优化旅游产业发展和行业管理方式。加快栾川县国家旅游业改革创新先行区建设，力争新设1—2个国家级旅游业改革创新先行区。

深化景区管理体制改革。以所有权、管理权、经营权“三权分离”为重点，构建产权关系明晰、责任主体明确、市场对接充分的景区经营管理体制。建立景区旅游开发备案制度、景区旅游建设与经营项目会商制度、景区建设经营负面清单制度等。推动景区旅游实现特许经营管理，推进经营决策、劳动用工、薪酬制度等去行政化改革。完善景区建设经营活动事中事后监管制度，建立健全景区安全风险评估制度、景区预约预报预订机制。

推进导游旅行社体制改革。以市场主导、执业灵活、服务规范、社会监督为目标，推进导游体制改革，建立适应市场需求的导游准入制度。改革导游注册制度，明确导游资格证终身有效。依法开展导游自由执业改革试点工作，完善旅行社委派执业制度和导游等级评定制度，建立导游社会化评价、监督体系和品牌制度，健全导游保险保障体系。优化完善旅行社分社网点设立、旅行社质量保证金、旅行社委托招徕、出境旅游保险等政策。完善旅游企业和从业人员违规退出机制，对管理不善、服务质量下降、投诉较多的旅行社和A级景区、星级饭店，给予警告、通报、降级、取消等处理，实现常态化、动态化管理。

建立健全旅游核算体系。按照国家旅游及相关产业统计分类有关要求，建立省、市、县三级旅游数据中心和旅游统计数据共建共享机制，提高旅游产业统计服务决策、引导产业发展的能力。积极构建包含接待游客人数、旅游综合收入、旅游者停留天数、人均出游次数、人均旅游消费、旅游增加值核算等内容的旅游统计调查监测系统。加强旅游产业统计和数据分析工作，确保旅游统计数据的准确性和规范性、分析结果的真实性和实效性。

第二节　加强政策扶持

一、落实职工带薪休假制度

将职工带薪休假制度落实情况作为劳动监察和职工权益保障的重要内容，加强监督检查。鼓励机关、社会团体、企事业单位引导职工灵活安排休假时间。各单位可根据自身实际情况，并考虑职工本人意愿，将带薪休假与本地传统节日、地方特色活动相结合，安排错峰休假。

二、完善土地供给政策

在土地利用总体规划和城乡规划中统筹考虑旅游产业发展需求，合理安排旅游用地布局。在年度土地供应中合理安排旅游产业发展用地。优先保障纳入国家规划和建设计划的重点旅游项目用地和旅游扶贫用地。对利用荒山、荒地、荒滩及石漠化土地建设的旅游项目，优先安排新增建设用地计划指标。农村集体经济组织可以依法使用建设用地自办或以土地使用权入股、联营等方式开办旅游企业。城乡居民可以利用自有住宅依法从事旅游经营，农村集体经济组织以外的单位和个人可依法通过承包经营流转的方式，使用农民集体所有的农用地、未利用地，从事与旅游相关的种植业、林业和养殖业。在全域旅游示范区，探索推出用地扶持政策，推动空心村旅游开发，支持工矿企业、农场、院校等利用闲置房产兴办旅游服务项目，盘活土地存量、释放土地活力。

三、创新金融支持政策

支持旅游资源丰富、管理体制清晰、符合国家旅游发展战略和发行上市条件的大型旅游企业上市融资。支持旅游消费信贷，探索开发满足旅游消费需要的金融产品。加强债券市场对旅游企业的支持力度，发展旅游项目资产证券化产品，加大对小微旅游企业和乡村旅游经营者的信贷支持力度。探索利用政府和社会资本合作模式，吸引更多金融资本、产业资本、民间资本参与旅游产业发展。加大招商引资力度，积极引进实力雄厚的知名旅游企业参与我省旅游投资建设。推出一批景区、宾馆、餐饮、交通等商业性旅游投资项目，吸引国内外大型旅行商、知名酒店管理集团等来我省投资。

四、完善旅游财税政策

乡村旅游企业在用水、用电、用气价格方面享受一般工业企业同等政策。全面落实结构性减税政策，乡村旅游经营户可以按规定享受小微企业增值税优惠政策，细化对经营入境游企业减免税等相关扶持政策，为旅游产业健康发展营造良好环境。

五、争取入境旅游优惠政策

全面提高签证签发、边防检查等出入境服务水平。依托郑州航空港经济综合实验区，实施离境退税政策，争取在 72 小时过境免签等方面取得突破。对旅行社组织的大型境外旅游团、系列团实施特殊优惠政策，加大对直达我省的国际航线包机特别是跨洲直达航线包机的支持力度，积极争取国际游客落地签、免签等优惠政策。

第三节　强化人才支撑

实施人才兴旅工程，提升旅游人才总体素质，加快构建一支由旅游行政管理人才、旅游企业经营人才、旅游专业技术人才、乡村旅游实用人才构成的旅游人才队伍。加快建设立足我省、面向中部、辐射全国的国家中部旅游人才教育培训基地。加强与国内外高校的交流合作，利用郑州大学、河南大学、河南财经政法大学等省内高校旅游院（系）教育资源，高标准建设产、学、研相结合的实训基地。加强旅游高等职业院校建设，加快高技能旅游人才培养。强化对各级旅游部门领导干部和旅游企业高级管理人员的培训，提升旅游管理人员的综合能力。建立和完善旅游从业人员岗位培训、资格认证、技能考核、岗位考核、级别认证等制度，加强对一线旅游从业人员的技能培训。

结合国家“一带一路”国际旅游人才开发合作项目，实施我省青年旅游专家交流计划。健全旅游人才市场服务体系，定期举办全省旅游人才交流会，促进大学生就业和从业人员理性择业，实现全省旅游人才合理流动和有效配置。整合全省旅游规划、旅游策划、景区设计、市场营销、投资咨询等各方面智力资源，建立旅游智库，为全省旅游产业发展重大问题、重大战略和政策提供决策咨询。

第四节　推进创业创新

支持条件成熟的旅游名镇、名村、文化街区、文化创意园区和历史文化旅游区积极创建旅游创业创新基地，拓展创客实践空间，构建产业孵化器，打造旅游创业创新品牌。争取创建一批国家旅游文创示范园区、国家旅游科技示范园区、国家旅游创业示范园区和旅游创业创新示范企业、示范基地。鼓励旅游创业创新项目通过产权交易、股权融资、债权融资等多渠道筹措资金，进一步提高创业创新项目成果转化的效率。支持骨干旅游企业和有旅游专业的高校开展创业创新合作。

各地、各部门要把发展壮大旅游产业作为经济社会发展的重要任务，结合实际制定具体实施方案或者专项规划，落实责任分工，加强协调配合，确保工作实效。对规划确定的重大项目，要明确责任主体和实施进度，制定任务分解具体方案。省旅游局要加强对本规划执行情况的评估和监督检查并定期向社会公布。

附录三　河南省人民政府办公厅关于创建郑汴洛全域旅游示范区的实施意见

郑州、开封、洛阳市人民政府，省人民政府有关部门：

为深入贯彻落实《国务院关于印发“十三五”旅游业发展规划的通知》（国发〔2016〕70号）、《国务院关于印发中国（河南）自由贸易试验区总体方案的通知》（国发〔2017〕17号）文件精神，按照《国家旅游局关于印发〈全域旅游示范区创建工作导则〉的通知》（旅发〔2017〕79号）要求，省政府同意依托中国（河南）自由贸易试验区（以下简称自贸试验区），打造郑汴洛全域旅游示范区，带动全省旅游业转型升级、提质增效。现提出如下实施意见。

一、总体要求

认真落实党中央、国务院关于全域旅游的决策部署，按照“五位一体”总体布局、“四个全面”战略布局和创新、协调、绿色、开放、共享发展理念，转变旅游发展思路，创新旅游发展方式，推动郑州、开封、洛阳三市从景点旅游向全域旅游转变，建设跨市域的国家全域旅游示范区，持续增加旅游有效供给，切实满足人民群众不断增长的旅游需求。

二、创建任务

（一）构建现代旅游治理体系。

创新全域旅游发展体制机制。建立省旅游局和郑州、开封、洛阳市政府统筹推进全域旅游发展的领导机制，探索建立与全域旅游发展相适应的旅游综合管理体制，有效承担旅游资源整合与统筹协调、旅游规划与产业促进、旅游监督管理与综合执法、旅游营销推广与形象提升、旅游公共服务与专项资金管理、旅游数据统计与综合考核等职能。充分发挥省发展改革、公安、财政、国土资源、环保、住房城乡建设、交通运输、水利、农业、林业、文化、体育、统计等部门在合力推进全域旅游发展中的积极作用。

改革旅游行业综合监管机制。加快建立权责明确、执法有力、行为规范、保障有效的旅游市场综合监管机制，推动市场秩序治理由“重点治标”向“标本兼治”转变，从行业监管向综合治理转变，激发旅游发展活力。积极推动公安、工商、司法等部门构建内容覆盖旅游领域的管理新机制，切实加强旅游警察、旅游市场监督、旅游法庭、旅游质监执法等工作和队伍建设。自贸试验区管委会要加强旅游综合监管力量。

将全域旅游建设融入郑州、开封、洛阳三市经济社会发展、城乡建设、土地利用、基础设施建设和生态环境保护等相关规划中，在实施“多规合一”中充分体现旅游主体功能区建设的要求。郑州、开封、洛阳全域旅游规划由省辖市政府审批，建立旅游规划评估与实施督导机制，增强规划实施效力。以推动旅游便利化和加强区域旅游合作为重点，完善行政部门权力清单和责任清单，构建与国际旅游规则相衔接的法治化、国际化、便利化旅游开放发展环境。允许自贸试验区内注册的中外合资旅行社，从注册之日起申报除台湾地区以外的出境旅游业务。

（二）丰富旅游产品和服务供给。

积极培育文化旅游园区。依托郑州商都文化、开封宋文化、洛阳汉唐文化，将郑汴洛全域旅游示范区打造成世界著名的华夏文明旅游目的地。郑州加快推进商都历史文化区建设，登封重点发展集禅武医、体育竞技、文化创意、主题酒店、教育培训、休闲娱乐为一体的文化旅游产业园区，着力打造世界功夫之都；中牟依托主题乐园，引入大型文化旅游融合项目，打造时尚文化创意休闲产业园；航空港经济综合实验区依托园博会片区、会展城片区，开发休闲娱乐、会议博览、免税购物等项目，打造新型产业文化园区。开封着力打造黄河生态文化旅游区、童世界文化旅游园区、银基文化产业园区、朱仙镇国家文化生态旅游示范区、尉氏休闲生态园区五大旅游增长极；依托宋都古城文化产业园区，加大招商引资与开放合作力度，做大做强文化旅游，建设成为全城一景、宋韵彰显的国际文化旅游名城。洛阳加快隋唐洛阳城国家遗址公园、龙门石窟世界遗产文化园区、白马寺佛教文化园区、关圣文化园等项目建设，重点发展国际文化旅游、文化创意、文化贸易、文化展示等现代服务业，形成具有洛阳特色的文化产业园区。

完善提升精品景区。不断丰富嵩山少林风景区、龙门石窟、清明上河园、老君山等5A级景区文化内涵，在景区周边开发文化休闲设施，提升综合服务能力，发挥品牌引领作用。推动伏羲大峡谷景区、黛眉山景区创建国家5A级旅游景区。

开发美食旅游产品。挖掘我省传统菜系和郑州、开封、洛阳三市特色餐饮，弘扬豫菜文化，打造豫菜餐饮品牌。支持郑州淮河路美食街、农科路酒吧休闲街，开封小宋城、上河城美食街、鼓楼夜市，洛阳西大街、启明东路美食街等打造特色美食街区。积极引进国际知名餐饮企业，打造国际化美食体验区。

拓展旅游住宿产品。注重结构优化、品牌打造和服务提升，培育一批有竞争力的住宿品牌。大力发展具有地域文化特色的主题酒店，形成商文化、宋文化、汉唐文化主题酒店系列。利用温泉资源建设度假酒店，不断提升管理服务水平。在嵩山、伏牛山、黄河沿岸等区域积极开发特色住宿，探索创意酒店、旅游庄园等住宿业态。在古镇、古村落、美丽乡村及旅游干道沿线发展自驾车旅居车营地、帐篷酒店、露营地等新型住宿业态。

创新旅游购物产品。将少林功夫、开封菊花、汴绣、木版年画、洛阳牡丹、唐三彩、牡丹瓷等特色元素融入日常消费品设计，开发实用、美观、便携的旅游商品。将郑州德化街、开封马道街、洛阳八角楼金街等步行街打造成购物休闲示范街。依托自贸试验区和航空港经济综合实验区，建设商贸旅游综合体，开通免税购物旅游线路。鼓励文化创意和设计服务融入旅游产品，提升旅游商品价值。定期举办旅游商品设计大赛和旅游商品展销会。

丰富完善旅游娱乐业。加强郑州、开封、洛阳三市老城区、公园区域、特色街区文化娱乐项目开发，通过现代科技打造文化创意与科技融合的娱乐项目，在适当区域开发夜游项目。加强河南博物院、开封城摞城博物馆、洛阳天子驾六博物馆等文博场馆与现代技术的融合，提供集欣赏、研学、体验为一体的文化娱乐项目。依托民俗文化资源和非物质文化遗产，利用传统民间演艺、风俗习惯，打造集农耕文化体验、乡村饮食、特色住宿、亲子娱乐等功能为一体的文化娱乐项目。进一步优化《禅宗少林·音乐大典》《大宋·东京梦华》《功夫诗·九卷》等演艺项目。依托郑州国际文化创意产业园、登封嵩山文化旅游产业园区，开封童世界文化旅游园区、朱仙镇国家文化生态旅游示范区、洛阳“天下龙门”文化旅游产业园区等项目，打造中原创意产业城、旅游娱乐综合体和国际文化交流港。

（三）推动旅游与相关产业融合发展。

坚持旅游与农业融合。依托沿黄旅游带、伏羲山生态旅游带和登封、中牟、开封市祥符区、杞县、通许、尉氏、栾川、嵩县、孟津等地绿水青山、田园风光、传统村落、民俗文化等，建设一批艺术村落和创意农庄。在伏牛山、嵩山、沿黄和郑汴平原区域发展观光农业、创意农业、休闲农业、体验农业、生态农业等特色旅游产品，积极培育国家农业公园、田园综合体、特色农庄、精品民宿等农旅结合的新业态产品。推进乡村旅游扶贫工程，全面改善通村公路、供水、供电、网络通信、垃圾污水处理等基础设施条件，推动贫困村脱贫致富。推动农业种植与旅游景观营造紧密结合，通过发展特色种植、创意农业，打造大地农业景观。

坚持旅游与工业融合。鼓励工业企业因地制宜发展工业旅游，积极引导工业企业、工业园区发展参观型、访问型、参与型等多种形式的工业旅游，打造知名工业旅游品牌。结合自贸试验区、航空港经济综合实验区、老工业基地推出“旅游+观光”“旅游+考察”“旅游+商务”等旅游产品。鼓励发展旅游用品、户外休闲用品和旅游装备制造业。

坚持旅游与文化融合。将黄河文化、嵩山文化、古都文化、功夫文化、姓氏文化、名人文化等融入旅游产品开发全过程。依托非物质文化遗产、传统村落、文物遗迹和美术馆、艺术馆等文化场所，推动剧场、演艺、游乐、动漫等产业与旅游业融合，发展文化体验旅游。坚持旅游与商业融合。发挥商旅会展功能，办好节庆会展活动，打造具有国际影响力的大型会展品牌。推进中心城区商贸业态提升，优化商贸布局，改造提升传统业态，积极引进新兴业态，加快推进中心商圈、城市商业综合体、特色商业街区建设，打造茶城、古玩城等特色商品贸易城。

坚持旅游与康养融合。挖掘禅武医、中医养生、温泉养生等产业，培育以养生、养老为主题的休闲度假新业态，支持养生度假、养老地产项目发展。引进知名健康养老服务机构和高端医疗机构，开发养生度假村、养生馆、养老社区等系列产品。打造嵩山国际文化养生度假区、世界禅庄、大宋中医药博物馆、龙门温泉养生、朱仙镇国家文化生态旅游示范区等一批国内外知名的养生旅游项目。

坚持旅游与教育融合。发挥郑州、开封、洛阳历史悠久、文化厚重优势，以弘扬社会主义核心价值观为主线，发展红色旅游，开发爱国主义和革命传统教育、国情教育、夏（冬）令营等研学旅游产品，建设一批研学旅游基地，将郑汴洛全域旅游示范区打造成为国家级研学旅游目的地。

坚持旅游与生态融合。坚持绿色发展理念，开发生态旅游产品，坚持生态和旅游、资源和产品、保护和发展相统一的原则，保护河流、湖泊、水库等水利资源，适度开展滨水和水上旅游；依托国家森林公园、风景名胜区、世界地质公园等生态景观资源，开展森林休闲、地质科考等专项旅游。

（四）推动旅游与城乡建设统筹发展。

以郑州、开封、洛阳三市主城区为核心，以建设旅游特色小镇为支撑、发展特色乡村旅游为补充，形成文化都市、特色城镇和旅游乡村三位一体、统筹发展的旅游格局。郑州重点建设由文化景区、历史建筑、特色街区等构成的城市记忆风景主线，结合城市建设大力发展休闲经济和夜游产品，彰显国家中心城市魅力。开封重点突出宋都古城文化，建设时尚汴西新城，推动国际文化旅游名城建设。洛阳着力打造集文博展示、实景体验、趣味游憩、文化教育、休闲度假、主题住宿于一体的文化旅游休闲区。

建设一批旅游特色城镇和特色乡村，通过聚集创新创业要素、扩展旅游服务功能，推进荥阳市广武镇、巩义市回郭镇、登封市宣化镇、中牟县雁鸣湖镇、嵩县车村镇、汝阳县付店镇、新安县石井镇、洛宁县上戈乡、伊川县葛寨乡、开封市祥符区朱仙镇等旅游特色镇或休闲小镇建设，将旅游培育成当地主导产业。突出自然景观、区域特征，将新郑市泰山村、郑州市二七区樱桃沟村、栾川县重渡沟村、孟津县卫坡村和南石山村、嵩县天桥沟村、汝阳县杜康村、尉氏县郭家村、通许县岳寨村等村落打造成为知名乡村旅游目的地。

依托高速公路、高速铁路、旅游交通干线等形成旅游交通连接廊道，实现跨区域旅游产品、线路和产业的整合，形成全域一体发展格局。开通城市游览观光巴士，将城区核心景区和城市地标区域串联成线，在郑州新郑国际机场开通直达郑州、开封、洛阳三市核心景区的旅游巴士。依托郑州通用航空试验区开发低空旅游项目，进一步完善上街通用机场功能，加快推进登封、中牟等通用机场建设，在自贸试验区适时建设旅游直升机停机坪，形成郑州、开封、洛阳三市空中全域旅游廊道。依托黄河（洛阳至开封段）、郑州贾鲁河、东风渠、龙湖至如意湖、开封“四河五湖”（黄汴河、惠济河、广济河、利汴河、潘家湖、杨家湖、包公湖、铁塔湖、阳光湖）、洛河、伊河洛阳段等适合通航河道建设游船码头，在有条件的河道开展夜游活动。在沿黄生态旅游带、嵩山区域、伏牛山区域、河道沿线建设旅游风景道，开发自驾车、旅居车线路。

（五）开展全域旅游整体营销。

围绕建设世界著名华夏文明旅游目的地、国际文化旅游休闲中心，进一步强化区域旅游特色，打造主题突出、传播广泛、社会认可度高的旅游目的地品牌。办好中国（郑州）国际旅游城市市长论坛、郑州国际少林武术节、中国开封菊花文化节、中国洛阳牡丹文化节、河洛文化旅游节等品牌节会，加强宣传推介和交流交往，提升旅游目的地影响力和吸引力。

构建旅游综合营销体系，制定全域旅游整体营销方案，组建郑汴洛全域旅游推广联盟。将营销纳入全域旅游发展大局，坚持以需求为导向，树立整体营销和全面营销观念，明确市场开发和营销战略，加强市场推广部门与生产供给部门的协调沟通，实现产品开发与市场开发无缝对接。突出企业的主体作用，建立政府、景区、旅行社共同参与的旅游营销机制，建设集政府服务、品牌推广、信息查询、线路定制等功能于一体的旅游营销平台，形成地方联手、部门联合、上下联动、规范有序的整体营销推广格局。

深度对接国家“一带一路”倡议，积极拓展入境游市场。进一步扩大宣传，创新营销方式，积极拓展“一带一路”沿线国际旅游市场，着力提升港澳台、日本、韩国、东南亚和欧美市场份额。依托郑州、开封、洛阳三市航空、高速铁路、高速公路等现代交通网络汇集优势，针对不同国家和地区游客需求，精准设计特色旅游线路，拉动入境游市场。

（六）加强旅游公共服务体系建设。

完善旅游集散服务系统。在建好景区游客中心的基础上，合理布局全域旅游集散中心，设立多层级旅游集散网络，在商业街区、交通枢纽、景点景区等游客集聚区因地制宜设立旅游咨询服务中心（点），更好地提供景区、线路、交通、气象、安全、医疗急救等信息咨询和救助服务。

提升旅游信息服务。建立郑汴洛旅游信息化发展联席会议制度，积极争取国家旅游数据分中心落户我省。整合移动、联通、电信等运营商的网络信息资源，实现跨区域、跨行业有效配置。建设智慧旅游综合数据中心、公共服务平台、综合管理平台、营销平台等，完善综合信息发布、客流实时监控、景区车辆调度、游客数据分析等功能。加快推进机场、车站、宾馆饭店、景区景点、旅游购物店、主要乡村旅游点等旅游区域及重点旅游线路的无线网络等基础设施覆盖，逐步实现3A级以上旅游景区和3星级以上宾馆无线网络全覆盖。建设一批智慧旅游景区、智慧旅游企业、智慧旅游乡村。

加强旅游惠民便民服务。完善公共空间旅游服务功能，在公园、广场、旅游景区等游客集聚场所，增设直饮水设施、健康步道、骑行专线、公共绿地等公共休闲设施。提升区域内道路交通通畅程度，加强城市与景区之间、各景区之间的交通设施建设，优化旅游公交线网，增开旅游巴士、公交车、旅游夜班车等，打通交通干线至景区的“最后一公里”，实现旅游交通无缝衔接。构建“快进慢游”的旅游交通网络系统，完善交通标识系统、景观系统和休憩系统，探索城市自行车租赁和共享单车融合发展。统筹区域绿道和慢行系统建设，持续推进沿黄步道、休闲街区步道、城市滨水绿道、生态景区步道、登山步道、乡村休闲旅游步道建设。

大力推进“厕所革命”。推进乡村旅游、农家乐厕所整体改造，5A级景区厕所设置第三卫生间，主要旅游景区、旅游度假区、旅游线路、乡村旅游点要按照标准提升厕所质量，厕所数量不足的区域要抓紧新建厕所。切实提升公共卫生条件、使用便利程度、外形美观度，确保区域内旅游厕所数量充足、干净卫生、实用免费、管理有效。鼓励以商建厕、以商养厕、以商管厕。引导游客爱护设施、文明如厕，营造健康文明的厕所文化。建立健全旅游安全保障机制。依托省旅游服务中心，建设郑汴洛全域旅游应急指挥中心，推进旅游安全与应急管理标准化建设；成立游客应急救助中心，建立旅游安全预警信息发布制度和旅游应急预案报备制度，完善应急处置预案和紧急救援体系。加强旅游安全设施建设，完善公共区域的消防设施、安全标识等，做好安全设施的养护工作，在4星级以上酒店和4A级以上景区设置紧急救助点。支持机场、车站、景区开展旅游保险代理业务，鼓励游客购买旅游保险。加强旅游安全检查，定期检测客运索道、大型游乐设施等特种设备，确保安全运行。重点景区要严格落实游客流量控制制度和高峰期客流应对处置机制，营造安全有序的旅游环境。

三、保障措施

（一）加强组织领导。

郑州、开封、洛阳三市政府要加强组织领导，将全域旅游作为三市发展的重要任务摆在重要位置，统一部署、明确目标、落实责任、协同推进，努力形成全社会支持、参与全域旅游发展的良好氛围。要加强对全域旅游创建工作的指导、督查，制定实施方案或专项行动计划，明确工作目标，落实责任主体，提出进度要求，强化绩效考核，确保全域旅游建设取得实实在在的成效。

（二）规范市场秩序。

健全旅游诚信体系，实行旅游企业“红黑榜”评价机制，将旅游失信行为纳入社会信用记录和信用信息共享平台，引导旅游经营者诚信经营。完善旅行社监管服务平台，创新旅行社和导游劳务合作方式，健全旅行社退出机制。倡导绿色旅游消费，完善旅游不文明行为记录制度，全面落实文明旅游公约。实施旅游服务质量标杆引领计划，推出优质旅游服务品牌，持续推进旅游标准化建设。创新旅游数据采集分析方式，按照旅游发展的新业态、新特点、新趋势设置评价指标。探索建立适应全域旅游特点的旅游服务质量评价体系。

（三）加强政策扶持。

郑州、开封、洛阳三市要出台促进全域旅游发展的产业政策，制定旅游用地、财税扶持、金融支持、人力资源开发等措施。探索设立旅游发展基金，加大对重大旅游项目开发建设及质量提升的扶持力度。引导社会资本参与旅游业公共服务体系建设，推广应用政府和社会资本合作模式。全面落实旅游企业税收、用水、用电、用气等优惠政策，积极争取 72 小时过境免签政策。构建“政府引导、部门合作、企业为主、市场化运作”的旅游人才培养机制，扩展教育培训渠道，创新人才利用方式，引进高层次旅游人才，探索建设旅游智库，不断优化旅游人才成长环境。

河南省人民政府办公厅

2017 年 8 月 18 日

重要术语索引表

后　记

在旅游业升级改革的背景下，全域旅游概念应运而生。全域旅游概念的提出符合我国社会经济发展的背景，是国家相关部门综合考虑我国国情与经济发展等情况之后做出的正确战略选择，也是当前我国旅游业最适合走的道路，更是顺应当今旅游时代下全民旅游、个人旅游以及自驾旅游等旅游趋势发展的必然选择。当前，我国旅游市场已经由资源导向、市场导向逐渐向形象驱动阶段转变，目的地形象问题成为吸引旅游者最关键的因素之一。在全域旅游背景下，如何提升旅游者对旅游目的地的感知形象成为学者们要研究的问题。

本书以河南省26个国家全域旅游示范区创建单位为研究对象，查阅相关的文献资料，深入分析进行全域旅游形象感知研究的重要意义，界定相关概念，梳理总结研究的理论基础，借鉴有关专家对全域旅游形象感知研究的相关指标体系，利用内容分析法爬取原始网络游记，通过自由编码、主轴编码和选择性编码，共构建包含4项主分析类目和21项次级分析类目的指标体系。对原始网络游记数据进行预处理后，借助Rost Content Mining 6、Netdraw、Python等软件，对河南省全域旅游整体感知形象从认知形象和情感形象两个方面进行分析，对认知形象的总结主要依靠词频分析和语义网络分析结果，对情感感知形象的分析主要依靠Python软件和建立多情感分析词典。通过对整体感知形象的分析，找出旅游者在形象感知中缺失的层面。最后，通过 IPA 分析法找出指标体系中最需要重点改善的指标，深入分析，找出存在问题，并提出相应的对策建议。

在样本数据的选取上，本书主要选择我国大型旅游在线网站携程和马蜂窝作为代表，爬取河南省全域旅游示范区创建单位的网络游记，具有一定的代表性，但是，其他旅游网站、论坛的游记没有纳入研究范围。且选择网络文本作为数据，忽略了一部分没有在网站中记录游记习惯的旅游者的真实感受，样本数据不够全面。在研究方法的选择上，本书以内容分析法为主，尽管参考了前人的研究，在指标选取和编码评分方面规避掉一部分由于主观因素带来的误差，但是仍然有可能影响研究结果。基于旅游者的角度研究河南省全域旅游形象，可能存在由于其自身素质和侧重要素的不同，而造成提出的策略建议较片面的问题。同时，在本书的研究中，忽视了旅游者自身特征对感知形象的影响。

本书在写作过程中，得到了河南省教育厅 2021 年高等学校哲学社会科学基础研究重大项目的鼎力支持，同时也得到了专家学者、各方旅游从业者和相关部门的大力支持，尤其是在对原始网络游记的编码、指标模型的构建和评分阶段，团队的每一位成员都不畏辛苦，勤奋积极，为本书的完成贡献了自己的力量。在这里，对在本书调研以及写作过程中的每一位专家和团队成员表示感谢。对于参考和引用的相关文献资料以及政府的旅游建设报告等资料，在本书撰写过程中都已在参考文献内列出。这些参考文献为本书的撰写提供了扎实的理论基础，是本书顺利完成的理论保障。

全域旅游能够打破传统旅游业中对旅游景点和旅游景区的限制，解决我国旅游业在升级改革中出现的各类问题，符合我国经济社会发展的趋势。同时，全域旅游的建设不是一蹴而就的，不能太过冒进，需要不断改进，不断完善，循序渐进。同时，对其研究也不能操之过急。受本团队学术水平、科研能力、时间限制等，本书的研究具有一定的局限性，在今后的科研过程中，一定会更加科学、严谨，呈现出更具实用性、创新性的研究成果。

孙艳红

2021 年 4 月